亲子沟通 的 正确姿势

社会与
情绪学习
（Social Emotional Learning）
SEL

杨娜·著

中国纺织出版社有限公司

内 容 提 要

　　为了让广大家长更加了解亲子沟通，并将更多有效方法、策略应用于亲子关系中，本书在社会与情绪学习理论的基础上，以家庭的视角帮助家长重新理解亲子沟通，学习更多有效的沟通方法。全书分为四个部分：第一部分，亲子沟通的核心要素；第二部分，沟通过程中如何"听"；第三部分，沟通过程中如何"说"；第四部分，总结了一些具体的沟通技巧。期望可以帮助家长读懂孩子，学会沟通，掌握更多社会与情绪技能，成为智慧型父母，与孩子共同成长。

图书在版编目（CIP）数据

亲子沟通的正确姿势 / 杨娜著 . -- 北京：中国纺织出版社有限公司，2022.1
　　ISBN 978-7-5180-8939-0

　　Ⅰ . ①亲…　Ⅱ . ①杨…　Ⅲ . ①家庭教育　Ⅳ . ① G78

中国版本图书馆 CIP 数据核字（2021）第 202388 号

责任编辑：顾文卓　　特约编辑：徐　洪
责任校对：楼旭红　　责任印制：何　建

中国纺织出版社有限公司出版发行
地址：北京市朝阳区百子湾东里A407号楼　邮政编码：100124
销售电话：010—67004422　传真：010—87155801
http://www.c-textilep.com
中国纺织出版社天猫旗舰店
官方微博http://weibo.com/2119887771
北京通天印刷有限责任公司印刷　各地新华书店经销
2022年1月第1版第1次印刷
开本：710×1000　1/16　印张：18
字数：195千字　定价：49.80元

推荐序

这么说，孩子才会听

孩子不听话，是困扰很多家长的难题。每当有家长问我这个问题时，我都在思考："为啥他不听你的，是不是你说了他不爱听的？"如果和家长朋友进一步探讨，家长更委屈："说那么多还不都是为了他好？街上那么多人，我咋都不说，就说他呢？那还不是因为他是我孩子？他要不是我孩子，我才懒得和他叨叨呢。"

看看，在这个场景中，马上呈现出了一个委屈操心的妈妈和一个不懂事的孩子。

真的是孩子不懂事？还是我们缺乏和孩子沟通的方法？

于是许多妈妈们就通过学习来"武装"自己。

现实是，很多参加了学习的妈妈们，学了很多沟通的句式，关键时刻却一句也用不出来，就算是用出来，也是别别扭扭。

此时，又呈现出一个努力想要说点好听的妈妈和一脸迷茫或者不屑一顾的孩子。

各位家长，这些在育儿路上见过或是自己踩过的沟通的坑，经我这么一说，是不是历历在目、隐隐作痛呢？的确，曾经有个学生的妈妈对我说，要是能和她青春期的女儿沟通好，她就能和任何人轻松沟通了。虽然这话也有点夸张，但不难看出和孩子沟通的困难程度。

怎么办？不沟通行不？

那显然是不行的。且不说你那句"再也不管你了"常常是一时冲动的气话，你自己根本做不到；就是真的能做到每天看着孩子啥也不说，孩子也受不了啊！而且，我们作为父母，本身就有教育孩子的责任。咱啥也不说，啥也不管，这就是大大的失职！

好了，这下估计你已经被我整晕了。这说也不是，不说又不行。怎么办呢？愁死个人。

别别别，我来了，我是带着解决方案来的。

这个解决方案就是这本我隆重推荐的杨娜老师的《亲子沟通的正确姿势》。

来，妈妈们，先来第一波学习。你们不是学了很多沟通的句式吗？你们不也总是在实践的时候出问题吗？这个问题的核心是，同样一句话，揣着啥心说很重要。那我们得揣着啥心说呢？

你知道吗？冲突就是沟通的"起跑线"。俗话说，过日子哪有锅勺不碰碗边的。这就说明了冲突在日常生活中发生的频次非常高，这个高频的动作，如果没有好的解决方法，这日子可就没法过了。争执、说服是处理冲突的方法。但协商是站在双方利益上展开的，是以尊重为背景的沟通方法。真正驱动沟通效果的不是你说了什么，而是是否怀着"平等"的心。

语言是思维的工具，能说出那几个句式当然是好，但在启动语言模式的前面时常还隔着情绪这个"天然屏障"，如果我们心盲眼瞎看不到这个屏障，再多的语言方式也发挥不出来。

在本书中，还有共情、游戏和共赢等核心要素组成的一套沟通心法。

已经掌握很多沟通方法的妈妈们再加上这个"心"法，实践起来才会更加得心应手。

来，再来第二波学习，送给总想给孩子们说点啥的妈妈们。首先值得肯定的是你们都是认真负责的家长，在陪伴孩子的路上，一直没有放弃对他们的教育责任。这个意愿和担当就特别值得敬佩。

那咱们就先来捋捋，我们和孩子沟通的目的到底是生气发泄情绪呢，还是想让孩子长点本事、长点心？如果你的目标是后者，我郑重的邀请你认认真真的从前到后按顺序阅读杨娜老师的这本书，在她娓娓道来的一个个案例和分析中，你一定能找到适合自己和孩子的沟通方式。比如在书中有讲道："怎么听懂孩子情绪背后的需求""孩子的观点怎么听""父母如何批评孩子""怎样和孩子做反思"等。

目标是前者的你也别走，这本书的神奇之处就在于，你就是忍不住跟孩子发泄情绪也是被允许和接纳的，书中会给你提供适当的方法和策略。例如书中列举了："家长的情绪怎么说给孩子听""家长的需求怎么说给孩子听""家长怎样表达不同的意见"等问题的分析，帮助我们在生气中也不忘自己的教育属性。

看看，这本书是不是很有用？

必须有用，因为和孩子说话这事太重要了。

作为成人，我们知道生活、工作就是一个个问题组成的。一个人的沟通能力直接影响他解决问题的能力。能解决多大多复杂的问题，直接影响着他个人的生活品质、成就业绩。我们在羡慕别人特别会沟通的时候，也需要想想，他这沟通能力是咋学的？当然，沟通能力后天也能培养，就是成本和代价有点大，很多人都希望这事能早点学会。

这事和谁学呢？早期当然是和父母学了。回想一下，我们现在的很多沟通模式都是从父母那里学来的。所以，亲子沟通不光有解决当下生活、学习问题的作用，更有对于未来沟通模式的教育功能。如果你选择这本书和你一起发挥这个功能，那就对了。因为，这本书的作者杨娜老师是我的合伙人，也是最早用社会与情绪教育的方式开展孩子课、父母课和教师课的研发型教师。她在和大量孩子、父母一起工作的25年中积累了非常多生动而深刻的案例。再加上她这6年来对社会与情绪教育的理论研究，总结了非常多讲得透、用得好的理论与方法，深得家长、孩子和老师们的喜爱。感谢她用半年的时间，精心为大家整理和撰写出了这本书。我相信这也是即我们上一本书——《小小少年，没有烦恼：儿童社会与情绪学习家庭指导手册》之后，又一本家庭教育类精品图书。

大家不错过它，就不会错过每一个和孩子沟通的教育机会。

愿每个父母可以好好说活，愿每个孩子都是"听话"的孩子！

2021 年 9 月 8 日

自 序

SEL老师的话
——亲子沟通，你不可小觑的育儿阵地

大家好！先做一个自我介绍，我是一名 SEL 老师。您肯定很好奇，听说过语文老师、数学老师，SEL 老师是教什么的？ SEL 是 Social and Emotional Learning 的简称，翻译成中文是"社会与情绪学习"。这是 20 世纪 90 年代在国际上逐渐兴起的一个新的学习领域。这门学科教授孩子学习和掌握一系列与自我适应和社会发展相关的核心能力，包括识别和管理情绪、设置并实现积极目标、欣赏他人、建立和维护良好关系、做出负责任的决定等。其中大致分为两个方面的技能，即情绪技能和社会技能，再通俗一点就是培养孩子的情商与社交商。

社会与情绪学习的概念最早由美国心理学家丹尼尔·戈尔曼提出，他于 1994 年出版了《情商》这本书，阐述了社会与情绪能力对于孩子未来发展的重要性。他提出，社会与情绪能力是可以通过后天学习的。此后 20 多年，在美国及世界其他一些国家的实践与研究中，也证明了社会与情绪学习可以很大程度提升孩子的学习成绩，促进孩子将所学知识应用于未来的发展，更容易成就孩子的人生。

这项研究激发了我极大的兴趣，我做了 20 年小学数学老师，一直在思考：怎样让孩子们对学习感兴趣，并愿意主动学习，为自己的学习负责？通过学习戈尔曼先生的理念，再结合之前学习的教育心理学理论，我意识到，社会与情绪课程如何在中国本土落地、发芽，将成为我后半生关注和研究的课题。

经过 5 年的研究和实践，我们接触了数以千计的家庭。我们发现，不仅孩子们需要通过课程学习提升社会与情绪能力，家长们自身的学习也势在必行。因为家庭中出现的最直接的育儿场景就是亲子沟通，而每次亲子沟通都是一次育儿的机会。但可惜的是，很多家长没有能力利用好它，反而让不良的沟通破坏了亲子关系。有些家长说："跟孩子就不能正常说话，从上小学开始，我和孩子的交流就一年比一年困难，到了青春期，就更是无法沟通。你还没说什么，孩子已经开始大喊大叫，即使不喊不叫，仿佛也不听话，嘴上虽然不说，可心里自有主意。"可见，家长很想了解孩子的想法，却苦于没有良好的沟通方法，无法打开孩子的内心世界。

我一直认为，家庭是重要的育儿阵地，用以培养孩子的各种品质、素养和能力（统称社会与情绪能力），而其最主要依靠的场景就是亲子沟通。如果家长能够提升自己的沟通技巧，就会向专家型家长迈进，有意识地实现培养孩子的目标。如果持续沟通不畅，父母就会失去对孩子有效的教育和引导契机，反而阻碍孩子社会与情绪能力的发展与提升。

于是，我决定写这本书。把我这几年对社会与情绪课程中相关沟通的精华内容提取出来，与渴望提升亲子沟通能力的家长共同学习。在开始之前，我想先回答来自家长的两个相关的问题：其一，为什么当今社会亲子沟通越来越难？其二，亲子沟通到底有多重要？

问题一：为什么当今社会亲子沟通越来越难？

当今社会亲子沟通的确存在很大的困难，这不是个单一问题，而是普遍问题，这就要求我们把问题产生的原因放眼到社会的角度来看。不可否认的是，随着时代大踏步地发展和前进，00后、10后的孩子们与70后、80后的家长们的成长环境存在着极大的差异，这种差异造成了亲子沟通的困难。我尝试总结了一下，主要有以下三方面的原因。

1. 父母与孩子的信息不对等

这一点我作为母亲深有体会。有一年暑假，我带10岁的儿子去杭州自由行。在开始旅行之前，我就构思了要去西湖、灵隐寺、南宋御街、植物园等景点，要吃有名的杭帮菜。这些几乎不需要多想，到杭州不去这些地方还能去哪里？可没想到，当我们到了杭州开始做具体规划时，我才发现，我接收到的关于杭州的信息与儿子获得的信息完全不同。他通过抖音找到了有名的网红饭店，足足吃了三天灌汤包；找到任天堂线下专卖店，现场体验游戏玩家的快乐；还搜索到国内少见的风洞体验馆，亲自体验被风吹向高空的刺激；找到一家专门逗狗的宠物店，花60元钱逗狗一小时……

这件事告诉我，互联网让孩子和家长的信息圈不再重合。抖音、微博、B站等新型信息发布平台，可以针对不同人群投放完全不同的信息。家长和孩子分别在两套信息库中认识这个世界，他们带着自己不同的需求，在两条平行线上各自运行，就特别容易产生彼此无法理解、沟通不畅的现象。

2. 沟通的方法过于单一、简单

既然社会变得复杂多元，世界也变得更加丰富多彩，那么亲子沟通也应该与时俱进，方法多样、灵活，才能全方位地将父母与孩子不同的信息库打通，而我们常常看到的亲子沟通方法却依然单一、简单。

"你作业写完了吗？赶紧去！别磨蹭！"这样的对话方式让孩子感受不到情感的交织，也无法完全解决问题。因此，面对信息不对等的亲子双方，要想互相补充和认同，需要更丰富和有效的方式方法。

可惜的是，家长和孩子都不知道什么才是有效的沟通。原因很简单，第一，父母只见过自己原生家庭的沟通方式，简单粗暴的方法在曾经的时代适用，但如果现在还用，效果就会差很多；而孩子也耳濡目染了父母的方法，虽然很不喜欢，但也别无他法。第二，没有人或者相关课程或者相关书籍教过父母和孩子新的沟通方法。

3. 满足孩子沟通需求的渠道越来越多

让亲子沟通变得越来越难的原因还有一个，就是在现代社会中，能够满足孩子沟通需求的渠道更多了，如果孩子不想和家长对话，他们能找到的新途径还有很多，故事书、动画片、电子游戏、网络中的虚拟人物和微信朋友圈中熟悉或不熟悉的网友……总有一款可以满足孩子的沟通需要。

很多家长抱怨孩子回家后只知道抱着手机看，一句多余的话都不愿意跟他们讲。很显然，家长在与新的沟通渠道的竞争中是失败者，孩子不满意他们的沟通方式，而选择了其他。

问题二：亲子沟通到底有多重要？

有位家长问我："亲子沟通到底有什么用？我为什么不能沿用原来的沟通方法？既然有那么多新渠道，还需要父母吗？"我的回答非常坚定——需要。不仅需要，而且极其重要。从话语中，可以听出这位家长的失望和挫败，但我相信，当明确了亲子沟通的重要价值后，他一定会重新树立信心。

1. 亲子沟通有助于孩子情感能力的发展

孩子从一出生就在用情绪与世界连接，开心的时候笑，肚子饿了哭，而这些情绪的第一接收者就是父母。孩子被天然赋予了一种需要，就是渴望父母接收到自己的情绪，自己也被父母的情绪所感染，以此形成影响一生的亲子依赖关系。这是在孩子早期就需要开始的成长任务，除了父母，其他人很难担当。

因此，家庭是孩子情绪学习的第一个学校，父母是第一任情绪老师。家长在沟通时与孩子互动的每句话，每个动作、表情，都深深影响着孩子情感能力的发展。心理学研究发现，孩子是否具有较强的情感能力直接决定其人格发展是否健全。高速发展的社会需要人才，但越来越大的压力也在心理上摧毁了很多"人才"。从这个角度说，培养健全人格的"人才"才是教育者的终极目标。

情感能力影响人格发展，人格发展和知识量的多少没有关系。健全的人格才是我们教育孩子的终极目标，具有健全人格的人才才是国家发展真正需要的人才。重视亲子沟通，小则利家，大则利国。

亲子沟通是承载培养健全人格这一重要任务的主要方式。良好的亲子沟通有助于发展孩子健康的情感能力，反之，则会产生诸多情绪阻碍和困扰。

2. 亲子沟通有助于孩子学习能力的发展

说到学习，家长们不要认为孩子只有上了学才开始学习。其实，孩子的学习是从父母的每一次反馈开始的。一个2岁的孩子第一次涂鸦，妈妈看着这幅作品笑个不停，还给了孩子一个温暖的拥抱；孩子从妈妈的反馈中获得了一个信息：我画画是正确的，就这样画下去。同样，如果孩子把涂鸦画到了墙上，妈妈一边摇头一边拿出白纸，告诉他："不可以画在墙上，你要画在纸上。"孩子则学习到在墙上随便乱画是错误的。

这是行为方面的学习，认知方面的学习也是如此。反馈是孩子作为生物个体要得到发展的基本机制。父母就像一面镜子，不断照出他的样子，用镜子里的样子指导他怎样看待这个世界，以怎样的姿态和行为继续生存下去，这个过程其实就是学习的过程。一旦孩子建立起这种内在的学习机制，再拓展到学校的学习，乃至一生的学习，道理都是一样的。

亲子沟通事实上就是早期学习的过程，父母就是孩子调整学习方向的镜子。如果沟通恰当、明确和有效，孩子就会朝着我们期待的方向发展；反之，如果沟通不能够给孩子清晰的反馈，或者反馈过于失真，孩子的认知和行为就会产生偏差，问题和挑战随之而来。

3.亲子沟通有助于孩子社会能力的发展

众所周知，孩子的学习是以模仿为主要方法。通过模仿，孩子逐渐学习到了成人世界的行为规范，学习到了如何与父母以外的人交流和相处，这就是社会能力的形成和发展。

可以说，父母的亲子沟通模式，为孩子未来的人际关系奠定了基调。从这个角度说，家庭是孩子进入社会最重要的练习场，父母则是他们的第一任教练和陪练。如果父母善于沟通，沟通方法多样，孩子也更容易成为人际交流的高手；不善沟通、沟通方法单一的亲子关系，就会让孩子未来受困于人际问题。

从小受到良好沟通训练的孩子，在早期就能呈现出非常不错的效果。我的一位同事，也是社会与情绪老师，她家孩子（5岁）的一件事就证明了这一点：过年的时候，孩子和妈妈写毛笔字，因为妈妈把他的作品乱涂了墨汁，孩子歇斯底里地发泄情绪。这让妈妈很是抓狂，不知道该如何应对，只好选择走开。于是，妈妈对孩子说："你现在这么闹，我没办法在这里待着了，我需要出去走一走。"孩子看到妈妈要走，赶紧抓住妈妈喊叫着："妈妈，你不能走！"妈妈执意要走。这时，孩子说出了一句令人惊讶的话："妈妈，你现在赶紧问问我：'你需要什么帮助？'"妈妈瞬间被孩子的话惊呆了，他居然用到妈妈上课时讲的方法，主动邀请妈妈询问自己的需要。于是妈妈赶紧问道："你需要妈妈什么帮助？""你帮我冷静一下！"孩子边哭边断断续续地说着。"怎么冷静？""你抱抱我！"当孩子准确表达出自己的需要时，妈妈的情绪也缓解了。她把孩子搂进怀里，静静地抱着他，等他彻底哭完了，一切又变得美好起来了。

　　说了这么多，我想告诉每一个望子成龙的家长朋友，在你格外重视孩子知识储备的同时，千万不要忽视了亲子沟通，这是一个不可小觑的育儿阵地。低级的亲子沟通只能解决日常生活问题，而高级的亲子沟通则着眼于孩子的情绪、学习和社会能力的综合发展。如果能够拥有良好的沟通技巧和方法，你将成为孩子的情绪老师、调整学习方向的镜子和指导孩子社会能力的教练和陪练，你将成为更专业的具有社会与情绪素养的智慧父母。

　　这本书汇集了我和我们团队对社会与情绪学习的大量思考和研究，整合了童心沃社会与情绪课程中关于沟通的具体内容，以家庭的视角帮助家长重新理解亲子沟通，学习更多的沟通方法。全书主要分为四个部分：一是亲子沟通的核心要素，用以帮助家长在沟通前对其本质问题有较多了解。例如：我会告诉你沟通的前提是冲突，不要害怕冲突，它正是沟通的好机会。我还会告诉你，沟通的本质是情绪的互动，帮助你理解情绪是如何作用于亲子沟通的。二是沟通过程中如何"听"，听和说是沟通的两大要务，比较起来，我认为"听"更重要，而这项技能也是很多家长欠缺的。我会带着你剖析"听"背后的内涵，一点点学习如何倾听孩子。三是沟通过程中如何"说"，对话是沟通最终呈现的状态，家长说的对不对、说的好不好、说的是否有效，都会在对话中向家长一一道来。我会在这一部分把"说"拆分成几个小技能，如何说感受、如何描述客观事实、如何表达不同的意见、哪些话不要说等，教家长学习有效表达的具体可操作的方法。四是必备的亲子沟通技巧，例如：怎样感谢、怎样道歉、怎样批评、怎样鼓励、怎样拒绝、怎样与孩子进行反思等，这些技能时刻贯穿在亲子沟通中，需要综合使用。

　　不仅如此，在每个章节中我还把家长学习的过程分为"学"和"习"

两个板块，既告诉你为什么这么做、怎么做，也会设计练习题供你练习。因为，长期给学生教学的经验告诉我，只有"学"没有"习"的学习是无效的，家长学习亲子沟通也是同样的道理。在这本书里，不仅想要让你"知道"，更想帮助你"做到"。

当然，如果你觉得一本书还不足以帮助到自己，也欢迎你和孩子加入童心沃社会与情绪学习的集体中来，通过孩子和家长同步持续地学习，继续发展社会与情绪的能力。

杨娜

2021.6

目 录

PART 2　沟通进行时——听

PART 3　沟通进行时——说

PART 4　必备的亲子沟通技巧

PART 1

亲子沟通的核心要素

Chapter 1

冲突——沟通的"起跑线"

妈妈：宝贝，9点了，该睡觉了。

孩子：不，我的游戏还没玩完呢！

妈妈：说好9点睡觉的，你怎么又说话不算数？

孩子：我玩完这一局再睡觉。

妈妈：不按时睡觉明天起不来床，上学该迟到了。

孩子：可是，要是现在关了iPad，我的游戏就输了，就不能升级了。

妈妈：你这个孩子怎么这么不听话！赶紧关掉，再不关明天不许玩了。

孩子：再等一会儿，就十分钟。

妈妈：不行……

听到这组亲子对话你有什么感觉？我的感觉是孩子和妈妈的对话似乎是在两条平行线上进行的。他们看似是在一人一句地说，但每个人却都在自己的目标线上，各自向自己的方向用力。妈妈毫不关心孩子没有打完游戏就睡觉的糟糕体验，孩子也根本不理会妈妈对自己不睡觉的担心和焦虑。糟糕的是，现在这个时间似乎只能做出一个选择，于是冲突就发生了。

这样的生活场景在亲子间无数次上演，每当发生冲突，父母和孩子都倍感痛苦。但换个角度想，如果没有冲突，双方永远都在自己的平行轨道上运行着，毫无矛盾和交集的两个世界，沟通又从何谈起呢？

我查了一下"沟通"一词的解释，古意主要是说"挖沟使两水相通"，后泛指"使不通连的事物相通"；现在主要指人与人、人与群体之间的思想和感情的传递，以求达成思想一致和感情通畅。这就说明，把不通畅的变得通畅才是沟通的价值。矛盾和冲突本身就是开启沟通的"导火线",所以我认为,谈沟通就要先谈冲突。

冲突是关系的必然产物

很多家长向我咨询,怎么能和孩子和谐相处呢?我反问一位妈妈:"你是希望一直都和谐相处吗?如果这样的话,和邻居家的孩子是和谐相处的。"这位妈妈若有所思地说:"那就是说,和自己的孩子是很难做到和谐相处喽!"大家想一想,是不是这个道理。我们常说,锅碗瓢盆做饭还要磕磕碰碰,更不要说父母与孩子的亲子关系了。父母与孩子本就是不同的几个人,在一个屋檐下生活,其中一个共同目标就是孩子的成长。但爸爸有爸爸的成长哲学,妈妈有妈妈的成长道理,当然孩子也有自己的一套理解。就像几条曲线在同一空间以不同的规律延展变化着,怎能不产生交集?而且一个家庭中不仅有亲子关系,还有夫妻关系、婆媳关系等错综复杂的关系缠绕在一起,缠绕越多,冲突就越多。因此,冲突是关系的必然产物。

如果具体分析一下亲子关系间的冲突到底来源于哪里,我认为有三点原因。

1. 分歧。一家几口人,各有各的成长逻辑,各有各的认知和行为准则,即使大家都有相同的目标,但通往目标的路径也可能完全不同。因此,产生意见分歧是生活常态。例如:孩子放学回家,妈妈认为孩子应该先写完作业才可以痛快地玩,而孩子则认为上学很累,应该先休息再写作业才是正确的。当双方都各执己见时,冲突就产生了。

2. 资源短缺。有人会想,现在社会还会出现资源短缺的现象吗?这里的资源不仅仅是物质方面的,时间、空间、情绪方面的资源在家庭中也呈现短缺现象,最明显的就是时间。随着工作和学习的任务增加,每天在家的时间越来越少,能自由支配的时间更成了稀缺资源。父母特别希望孩子能早点写完作业去睡觉，给自己忙碌的一天争取一点自由时间。而孩子呢？他们特别想晚睡一会儿，给身心疲惫的自己留一点自由飞翔的时间。双方都在抢占每天睡前那一点点的稀缺时间，冲突就这样产生了。在二孩家庭中，父母的陪伴和关爱，也是两个孩子竞争的稀缺资源。因为都想拥有父母更多的陪伴和关爱，导致了情绪冲突，让父母不知道该如何应对。

3. 权力之争。随着孩子慢慢长大，他们的自性化逐渐发展出来，他们越来越希望获得自我掌控的机会，拥有为自己和家庭担当的权力感。而父母呢？一直以来占据着家庭中的"领导"地位，不会那么轻易地让出权力。因此，"谁说了算"就成了家庭中冲突的来源。很多时候，亲子冲突看似是在争执问题的解决方案，事实上却是在争夺"谁说了算"的权力。开篇的那段母子对话，就充满着这种味道。妈妈意识上是在担心孩子晚上不睡早上起不来，但事实上生气的是："我说 9 点睡觉，你不睡就不行。我说几点睡就得几点睡。"而孩子呢？也不见得非要玩完这一局游戏，他可能想表达的是："为什么妈妈说几点睡就几点睡？我想自己决定这件事。"

> **SEL 老师给您的建议**
>
> 冲突是关系的必然产物。分歧、资源短缺和争夺权力是产生亲子冲突的主要原因。理解了这一点，才能正确理解冲突。

处理冲突的错误方式

之所以不喜欢亲子冲突，是因为很多家长看到了它的破坏性，但大家想想看，难道真的是冲突本身带来的破坏性吗？为什么同样的冲突，不同的家庭会产生不同的结果呢？中央电视台播出过一部电视剧《装台》，剧中一个从小失去妈妈的女孩，因为恐惧再次被抛弃，跟爸爸后找来的妻子无数次的咆哮，恶毒的话语不堪入耳。而这位继母却不为所动，该做什么做什么，最终二人关系达成和解。我边看边思考，如果换成我，我可以做到剧中继母这样吗？如果做不到，结果又会是怎样呢？可能是一地鸡毛、狼狈不堪。可见，破坏性不是冲突本身造成的，而是处理冲突的方式导致的。如果选择没有建设性的方式，产生消极后果的可能就更大。反之，冲突可能反而成为增强亲子关系的好机会。

一般亲子关系中会有三种不正确的处理冲突的方式。

1. 强迫和屈服。有些亲子关系中，一方处于绝对的强势地位，另一方处于弱势地位。这在亲子关系中往往表现为家长强孩子弱，看似冲突解决了，但实际是家长强迫孩子屈服了。还说开篇中家长让孩子睡觉的例子，如果对话继续下去，妈妈可能会说："不管怎样，现在必须睡觉。如果不睡觉，你今晚就不要睡了。"也可能会苦口婆心地讲道理："明天还要上学，如果不睡觉，明天起不来就不是好孩子了。"抑或什么也不说，直接没收 iPad，孩子不得不去睡觉。这几种处理冲突的方式，都是以孩子被迫接受妈妈的意见终结的。看似风平浪静，但压抑的情绪却在孩子的内心沉积下来，时间长了，就如同泄洪般宣泄出来。

2. 回避冲突。还有一种亲子关系，看似和谐，却也不健康，尤其是有青春期孩子的家庭，孩子的叛逆让家长感到害怕，明明有不同意见也不敢表达，索性多一事不如少一事，不说为上。还有的家庭，家长不能承受和孩子的冲突，一旦冲突发生，家长就显得羸弱不堪，这也让孩子害怕冲突，生怕自己的力量摧毁了父母。这些表面的和谐背后都深藏着家长和孩子对冲突的恐惧，他们担心冲突带来毁灭性的灾难，于是选择避而远之。这种方式最大风险就是亲子关系越来越疏远。一位妈妈向我哭诉："我感觉越来越不认识我的孩子了。"是啊！一个家庭中已经形成了"铁路警察各管一头"的局面，家长连了解孩子的机会都失去了，还如何能看得清他啊！

3. 互相指责。这也是一种常见的处理冲突的方式。家长和孩子互相只能看到对方的问题，你说我的不对，我说你的不是，然后把冲突事件上升到人身攻击。

妈妈：你就是贪玩，偷懒，不想学习！

孩子：你才是讨厌的妈妈！

这样的对话不仅无法解决冲突，反而会让双方的情绪处于失控状态，发展成情绪大战。最终，问题还是那个问题，亲子之间却像敌人一样充满恨意。

> **SEL 老师给您的建议**
>
> 冲突本不可怕，错误处理冲突的方式才具有破坏性。强迫与屈服、回避冲突以及互相指责的方式，都是不可取的，也是造成更多亲子矛盾的真实原因。

用沟通解决冲突

那么该如何正确处理亲子冲突呢？就是沟通！亲子双方的"沟渠"不通畅了，需要有效地打通，才能汇合"水流"，朝向一致的方向，否则长期拥堵，最终酿成灾难。常见的有效沟通有三种形式。

1. 争执。大家是不是以为我写错了？争执不就是吵架吗，这还算沟通吗？这里说的争执当然不是前面说的"互相指责"，而是指不带人身攻击的真情表达。

当双方意见不同时，一定会有情绪。有时是生气，气他为什么会有这样的想法；有时会着急，着急他怎么听不懂自己的意思。当情绪来临时，双方就会急于表达自己的观点，与对方产生争执，意图希望对方承认自己的观点是对的。但有情绪不等于没有理智。双方只是带着情绪理性表达自己的观点，即使看起来比较激烈，也是有利于解决冲突的。

一个处在青春期的孩子和父亲因为国庆节要不要回老家看奶奶引起了

争执。

父亲：国庆节咱们回老家看奶奶。

儿子：我不去，我想国庆节跟同学们出去玩。

父亲：我们已经半年没有回老家了，爷爷奶奶早就盼着咱们回去呢！

儿子：可是，我们也好久没有放假了，平时没有一点时间玩，这次好不容易可以痛快玩两天。

父亲：（已经很生气了，声音提高了八度）这事儿我说了算，你不能再找借口推脱回老家看爷爷奶奶了。

儿子：就一次不回怎么了？（眼睛里对爸爸充满了敌意）我就要和同学们去玩，坚决不回去。

……

这场争执持续了十几分钟，父子双方音量越来越大，情绪也越来越升级。所幸的是，他们始终在就事论事表达自己的观点，并没有上纲上线，发展成为人身攻击。眼看争执没有结果，双方在互相接收了彼此想法的同时，情绪也得到了尽情释放。停战一个晚上后，两人以各让一步结束了这场争执。

这个案例让我们看到了，亲子间的争执不见得都是破坏性的，理性的、不带人身攻击的、就事论事的争执甚至争吵，完全可以达到沟通的效果。因此，我从来不反对亲子间用激烈争执的方式来解决冲突，只是要提醒家长和孩子，是不是选择了正确的争吵方式。

当然，要想通过争执达成有效的沟通，情绪平复之后的反思和修复也起着重要的作用。争吵过后，情绪平复，双方需要将对方传递给自己的信息和观点再次进行审视和思考，并主动采取措施修补争执造成的情感裂痕。

2. 说服。当双方的冲突陷入"一定要证明谁说的对"时，就会促使双方去寻找充分而有利的证据来证明自己，意图说服对方按照自己的想法去做。这种说服不是胡搅蛮缠的不讲理，而是真凭实据的据理力争，没有大量思考和搜集信息作为基础，是很难做到的。

在冲突面前，一个有能力说服他人的人，肯定是思想缜密、逻辑强大、表达清晰、思维发散的人。那这些特质是如何训练出来的呢？当然不排除天生和后天有意训练的因素，但我也总忍不住想，具有这些特质的人在家庭中是不是经常和父母进行练习？他们是不是经常有能够说服父母的机会，才给了他们继续提升说服能力的动力？他们的父母也许就是他们的第一任陪练师。

　　说服经常会出现在意见分歧的时候。例如：今晚去哪家饭店吃饭？假期去哪里旅行？全家看电影，到底看哪一场？这些冲突出现时，家长不妨专门创设一个机会，请每个家庭成员表达自己的观点，并寻找更多证据予以说明，看谁更能够说服对方。经常这样做的好处是，冲突会变成游戏，每个家庭成员也容易养成以理服人的习惯，避免情绪状态下的冲动和无理纠缠。

　　3. 协商。沟通的最高境界就是协商，这也是成人世界中最常用的沟通方式。协商和说服最大的区别在于，说服是充分表达自己的立场，而协商则是站在双方的利益之上展开；说服是证明自己是对的，而协商是为了达成双方的共识。

　　还回到章节开始时妈妈让孩子睡觉的案例。妈妈的目的是解决孩子睡觉时间不够的问题，孩子的需求是尽兴地玩完一局游戏。双方的利益不同，产生冲突。这时，如果妈妈可以既看到孩子的利益点，也表达出自己的担心，就有可能通过协商找到一个双方都接受的解决方案。

　　我尝试把亲子对话用协商的方式继续下去。

　　妈妈：宝贝，9点了，该睡觉了。

　　孩子：不，我的游戏还没玩完呢！

　　妈妈：说好9点睡觉的，你怎么又说话不算数？

　　孩子：我玩完这一局再睡觉。

　　妈妈：不按时睡觉明天起不来床，上学该迟到了。

　　孩子：可是，要是现在关了iPad，我的游戏就输了，就不能升级了。

　　妈妈：妈妈理解你的想法了，你是不想让游戏中途结束影响成绩，是吗？

　　孩子：是，中间结束了我就白玩了。

妈妈：那我也很担心你因为玩游戏影响睡眠时间，你能考虑我的感受吗？

孩子：妈妈，我知道，可是……

妈妈：那你有什么办法能同时照顾到咱俩的想法？

孩子：妈妈，再等十分钟，行不行？

妈妈：如果十分钟到了还没结束，怎么办？

孩子：那就关掉游戏，不玩了。

妈妈：可是那样你的游戏就不能升级了。

孩子：那我快点玩，实在不行，就下次再升级。

妈妈：要是明天还出现这种情况怎么办？

孩子：妈妈，明天我早点写完作业，早点玩游戏，就能9点睡觉啦！

妈妈：好，那我们就尝试一下。

这样，这位妈妈就是带着协商的意识与孩子展开的对话。记住，协商不是坚持立场，而是为双方的利益达成共赢（这种共赢的思想，我们会在后文详尽讲解）。这种沟通往往可以跨越各自的立场，产生融合，找到创新的解决方案。两条"沟渠"里的水本来的成分各不相同，打通汇合在一起，就不再是自己单一的本色，而变成了新的水质。你中有我，我中有你，带着双方的本来的成分，以崭新的面貌和谐向前。

SEL 老师给您的建议

解决亲子冲突的方法就是沟通。在理性状态下的沟通才是正确的沟通方法，可以是：争执、说服、协商。其中协商是站在双方利益的基础上展开的，是沟通的最高境界。

孩子可以学到的 SEL 技能

　　在良好沟通环境中长大的孩子，首先是不怕冲突的。他们在冲突来临时，会有不舒服的情绪但不会有恐惧。他们会带着解决问题的心态迎接冲突，而不会被恐惧驱使情绪失控或者被动逃离。这是一种心理能量，也是一种勇气，是非常难得的人格特质。这样的孩子长大后，会勇敢的解决生活和工作中的各种问题，得到更多能力的锻炼。

　　家长的正确沟通方法会自然而然地教给孩子，这些方法正是帮助孩子未来解决问题的有力工具。他们不会在冲突来临时感到无助，他们有满满的武器装备迎接冲突。

SEL大技能：

　　1. 不怕人际冲突，能带着解决问题的心态面对冲突。

　　2. 学习到沟通的方法。

从"知道"到"做到",你还需要多多练习哦!

　　请你记录一次亲子冲突的过程。觉察一下,是什么原因让你们产生了这次冲突?你准备用什么方式与孩子沟通?记录下来。

冲突案例记录:

_____

_____

_____

_____

_____

_____

_____

_____

　　这次冲突给你带来的思考是什么?你收获到了什么?

反思和成长:

_____

_____

_____

_____

_____

_____

_____

_____

_____

敲黑板：

冲突是沟通的"起跑线"

1. 冲突是关系的必然产物。分歧、资源短缺和争夺权力是产生亲子冲突的主要原因。理解这一点，才能正确理解冲突。

2. 冲突本不可怕，错误的处理冲突的方式才具有破坏性。强迫与屈服、回避冲突以及互相指责的方式，都是不可取的方式，也是造成更多亲子矛盾的真实原因。

3. 解决亲子冲突的方法就是沟通。在理性状态下的沟通才是正确的沟通方法，可以是：争执、说服、协商。其中协商是站在双方利益的基础上展开的，是沟通的最高境界。

恭喜你完成了"冲突"的学习，亮起了第 1 盏灯。当你点亮全部 7 盏灯时，就已经做好和孩子沟通的心理准备了！

冲突

Chapter 2

情绪——沟通的"天然障碍"

8岁的威威"砰"的一声踹开了门，气冲冲地从外面回到家。

妈妈赶紧询问："你这是怎么了？"

"我要把乐乐（他的邻居）赶出小区，再也不和他玩了！"威威咆哮着。

"至于这么生气吗？好朋友在一起就要好好玩嘛！"

"我就是不跟他玩啦！再也不玩了！"威威的嗓门更大了。

"昨天不是才跟你说，要和朋友和睦相处吗？你不能这样做，你想想，你不跟乐乐玩，他该多难过……"妈妈还在努力劝导着威威。

"我不听！"威威堵住耳朵，闭着眼睛使劲摇着头，继续大吼着："我不要听你说话！"

13岁的萌萌刚刚上初一，这一天放学回家，她垂头丧气，一脸的不高兴。原来因为上课走神，被数学老师发现，老师当着全班同学的面批评了她。她坐在书桌前，把书包扔在地上，不写作业，也不说话。

妈妈走过来，问清原因后，试图帮助她："老师说你也是有道理的嘛！你上课走神确实不对，万一长期走神，学习落下就麻烦了。"

萌萌继续低着头，不说话也没有任何反应，妈妈说的话仿佛根本就没听到。

妈妈继续说："你怎么不听我说话？我说的没道理吗？刚受到一点打击就这么狼狈，以后遇到困难怎么办？"

妈妈的话让萌萌感到更加心烦，她忍不住对着妈妈大吼起来："你别跟我说话了，出去行不行！我什么都不知道！"

这两位妈妈面对孩子的问题都试图在沟通，他们说的话也看似很正确，可孩子为什么就是拒绝沟通呢？到底是什么阻碍了沟通？

是的，也许你已经感受到了，阻碍沟通的屏障正是"情绪"。很显然，这两个孩子都处在强烈的情绪中，威威还在暴怒，萌萌则陷入了深深的挫败中。这种感觉就像掉进黑漆漆、冷冰冰的地洞里，他们不知道出口在哪里，也根本找不到方向。于是，两个孩子不得不像无头苍蝇一样乱撞，无厘头地宣泄着难以克制的情绪。

而家长们呢？特别想帮助孩子爬出地洞。于是站在高高的洞口给他们讲述那些关于爬出地洞的正确的道理。但孩子呢？他们在洞里，完全被情绪带来的黑暗包裹着，又怎能听得进这些道理呢？

从上面的两个案例中，我们看到亲子沟通之所以不顺畅，正是因为被情绪所阻挡。此时此刻，妈妈必须暂时放下要解决的问题，先把注意力集中在孩子的情绪疏通上，把孩子从黑漆漆的地洞里解救出来，再寻找解决问题之法。

接下来的内容我会从脑神经科学研究的角度给大家具体说说情绪为什么会成为沟通的障碍，家长应该怎样帮助孩子疏通情绪障碍。

情绪失控阻碍了沟通

人类的大脑一直是很神秘的结构，情绪从何而来？又为什么会阻碍沟通呢？心理学家保罗·麦克莱恩提出了大脑的"三位一体"假设。他认为大脑由既独立又相互联系的三部分组成：位于最里层的脑干、处于中间层的边缘结构以及最外层的大脑皮层。脑干是最原始的大脑结构，它负责呼吸、心跳等生理活动，简称"行为脑"。边缘结构由杏仁核、海马体等组成，简称"情绪脑"，它负责粗略的记忆经历和情绪感受，当再次发生类似的经历时，迅速发出情绪警报，调动身体各部分机能应对情绪。大脑皮层则是最聪明的结构，也是在生物进化过程中来到生物体时间最短的部分，只有二三百万年，简称"理智脑"，只有人类的理智脑进化得最充分，但比起行为脑和情绪脑并未进化完善，它负责分析、判断等所有思维活动，具有时间和空间感。

　　一般状态下，行为脑、情绪脑、理智脑协同运作，由丘脑收集信息输送到理智脑，然后在理智脑的综合分析和判断后再通过神经元传递给情绪脑，激发情绪的报警系统，命令行为脑做出相应的反应动作。通常情况下，大量的信息会通过这条通路传递，绝大部分情绪和行为是由理智脑指挥产生的。这是一条大路，我将其称为情绪的上通路。

　　大脑的神奇之处是，还有一条很小的信息传递路径，是丘脑直接连接情绪脑。有些信息会通过这条捷径更快速地输送给情绪脑，不通过理智脑就直接触发情绪报警系统，引发身体的应激反应，我将其称为情绪的下通路。它可以不依赖大脑皮层自动做出反应，而且反应速度快于大脑皮层（见图 2-1）。

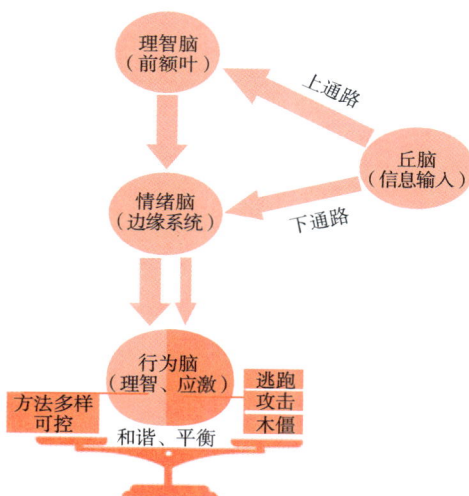

图2-1　大脑上下通路示意图

　　"一朝被蛇咬，十年怕井绳"就是这个道理。一个被蛇咬过的人，情绪脑记忆了当时痛苦的感受和大致情形，有一天突然看到一条井绳，立即心跳加速、汗毛倒立，身体不自然地向后躲闪，这就是下通路的快速情绪反应。而这一切发生几秒钟后，危险警报解除，上通路的理智脑才能重新启动，定睛辨别到底是井绳还是蛇。

　　情绪脑快速反应的积极作用是帮助人迅速避开危险，但消极作用就是容易造成身体的失控。这就好比一匹脱缰的野马，不受控制，无法回到理性状态，为解决问题带来阻碍。前面案例中两个孩子都陷入了极端情绪中，理智脑几乎断联，导致必须有理智脑参与的沟通无法进行。

───── SEL 老师给您的建议 ─────

孩子处于情绪失控状态时，沟通不宜过早进行。先关照孩子的情绪，解除情绪造成的沟通障碍才是第一步要做的。

情绪失控下的防御行为

那么如何判断孩子是否处在情绪失控状态呢？常见的歇斯底里似的宣泄只是其中一种现象。很多时候，孩子被情绪所困，在行为上并没有特别明显的表现，不容易被父母识别。

但家长也不要过于担心，脑神经科学家的研究给了我们一个准确答案。研究表明，人类在情绪失控时的应激反应只有三大类：逃跑、攻击和木僵。这是本能作用下的被动防御行为，以此保护身体免受伤害。前面案例中的威威，他踹门、大骂朋友、和妈妈顶嘴的行为，让人感觉一种向外爆发的能量。这可能就是攻击的防御机制在发生作用。而萌萌呢？妈妈说了很多话，但她只是低着头，好像完全没有听到妈妈的话。这更像在逃避，想通过"听不见"避开这件事带来的痛苦感受。但萌萌越想逃开，妈妈却还在继续说，这让萌萌将逃避转变成了攻击，大声吼叫着让妈妈出去。

还有的家长问，有时候孩子犯了错，你教育他，他就跟傻了一样，无论说什么都答应，但再问具体的就什么都不知道，这是怎么回事？这也许是孩子因为极度恐惧产生了木僵的状态。他们的身体和大脑被情绪牵制，均处于停滞状态，无法继续运转。记得多年前我在参加高考时就出现过这种现象。考试前一天晚上，突然发现连最简单的题目都不会做了，大脑一片空白。现在回想，这可能就是过度紧张造成的木僵反应。

没有理智脑参与的情绪失控行为就很简单——逃跑、攻击和木僵，而有理智脑参与的行为反应是更加丰富多样的。但是因为理智脑尚未发育成熟和完善，所以年龄越小的孩子更容易被情绪驱使，产生应激性的防御行为。这一点他们自己并不知道，需要家长通过观察来识别。如果家长发现孩子出现了应激性的防御行为状态，说明孩子正处在被情绪所困的状态中，那么沟通也往往是无效的。

SEL 老师给您的建议

情绪失控的防御行为只有三大类：逃跑、攻击和木僵。年龄越小的孩子越容易产生这些应激行为反应，说明此时孩子正被情绪所困，沟通也是无效的。

沟通前先疏通情绪

既然出现障碍，就要先清障，再沟通，才能使下一步解决问题行之有效。那么，在孩子有情绪无法沟通时，家长该如何疏通情绪呢？在此，给家长朋友几点建议。

1. 觉察和识别情绪

正确识别情绪，才能有针对性地疏通情绪。就像一部故障车，找到造成故障的原因是第一要务。有些人情绪来了很明显，有些人则深藏不露，不仅别人看不出来，甚至连当事人自己也意识不到。特别是孩子，他们自我觉察和识别情绪的能力不足，这是作为社会与情绪老师要教授给孩子最重要的技能之一。

在社会与情绪课堂上，我们提供了了解情绪的三把钥匙。

第一把钥匙：看表情。心理学家研究了世界上各类人种的表情，发现人类的表情基本可以分为恐惧、愤怒、悲伤、喜悦四大类，每一类都有相似的面部特征。这就给我们互相识别情绪提供了外部观察的素材。

第二把钥匙：观察身体动作。伴随着不同的情绪，人类还有相应的身体动作呈现。一般情况下，愤怒的人会有一种向外喷发的力量，做出向外攻击的动作，例如：大吼，大骂，手握拳头，扔东西等。恐惧会让人退缩，身体发抖，不敢发声。焦虑的人特别爱唠叨。悲伤的人则能量感和存在感最低。喜悦的人则手舞足蹈、不能安静下来等。孩子的身体表达更为直接一些，家长可以认真观察，觉察和识别他们的情绪状态。

第三把钥匙：给情绪命名。识别情绪最重要的一点就是命名。如果不能给上述表情和身体动作找到一个准确的情绪词汇命名出来，这个情绪就等于没有发生。孩子自己不容易做到，需要家长去帮助孩子命名。当看到威威的行为时，妈妈可以告诉他说："威威，你这样踢门、大吼的行为，说明乐乐的行为让你感到愤怒了。"一旦威威也认同了这个命名，他的理智脑就能够参与进来，情绪也更容易得到控制。

家长不仅要帮助孩子识别情绪，也要根据三把钥匙觉察自己的情绪。有时候亲子间发生冲突时，家长也带着强烈的情绪，处在失控的状态，这时，更不适宜沟通。即使沟通也是失控状态下的情绪大战，而非真正关注解决问题的有效交流。

当然，要强调的是，虽然说情绪是沟通的障碍，但却不能认为它就是个坏东西，更不能抱着消灭它的心与之相处。它更需要被识别和照顾。我在《小小少年，没有烦恼》一书里对"情绪的价值"做了详细的解释，这里用知识窗的形式给大家做个简单的介绍。

> ● 知识窗 ●
>
> 各种情绪都是人类大脑的必然产物。无论是喜还是怒、哀、惧，都伴随大脑的演化一直存在着，并发挥着重要的作用。忽视了它们的作用，不允许多种情绪同时存在，就违背了人类发展的规律，必然会出现心理问题。那么，喜、怒、哀、惧的情绪对生命有什么意义呢？
>
> "喜"，是人类动力的源头。
>
> "怒"，表达边界。
>
> "哀"，让人学会放下，获得成长。
>
> "惧"，保护自己。
>
> ——选自《小小少年，没有烦恼》

2. 与孩子的情绪保持协调

与孩子的情绪保持协调称为共情（或者同理心）。孩子的情绪脑不懂道理，只懂感受。当他们掉进深深的情绪地洞时，并不需要家长高高在上的指导，而是希望家长能跳进洞里，与他感受同样的处境，体验同样的情绪，心与心真正连接在一起。

3. 等待沟通的时机

再强烈的情绪也不会一直持续，每个人都有处理情绪的内在机制。一旦情绪能量释放出去了，情绪就会恢复平静，只是需要时间。有的人需要很长时间，有的人则只需几分钟或几秒钟。所以，情绪能力强的人不是没有情绪，而是从情绪失控恢复到平静的时间更短。

如果家长意识到此时不是沟通的时机，也不知道可以做些什么帮助孩子快速恢复平静，那么就多给他一些时间，耐心等待情绪过去，再开始沟通。

SEL 老师给您的建议

当孩子的情绪阻碍沟通进行时，家长要先疏通情绪，再解决问题。这里给家长三点建议：第一，通过看表情、观察身体动作和用给情绪命名的方式，帮孩子识别情绪；第二，与孩子的情绪保持协调，用同理心感受孩子的感受；第三，相信孩子的情绪一定可以恢复平静，耐心等待并给予时间。

孩子可以学到的 SEL 技能

经常被识别情绪的孩子，他们自我识别情绪的能力也很强。遇到情绪爆发，他们的理智脑恢复更快、时间更短，也更不容易被情绪驱使，做出不理智的决定。

经常被识别情绪的孩子，他们对情绪的敏感度更高，对情绪辨别的颗粒度更细，更会与他人互动情绪情感。

被共情长大的孩子同样是一个拥有同理心的人，他们在人际关系上也会识别和处理他人的情绪，会根据对方的需要给予恰当的关怀。

家长不强制侵入式的沟通，让孩子感受到被尊重。他们也会用同样的方式尊重他人的情绪，更容易找到沟通的切入点，进行有效的沟通。

SEL大技能：

1. 自我觉察和识别情绪的能力强。
2. 对他人的情绪感知更敏感。
3. 拥有同理心，会关照他人的情绪情感。
4. 懂得尊重他人的情绪，寻找适当的时机进行有效沟通。

GET

从"知道"到"做到",你还需要多多练习哦!

请你记录一次孩子有情绪的过程。仔细观察孩子的表情和动作,他是怎样表达情绪的?请你详细记录下来,并给他的情绪命名。

孩子的情绪记录

_____

_____

_____

_____

_____

_____

_____

当孩子有情绪的时候,你自己的情绪是怎样的?也请你仔细觉察,把自己的身体感觉记录下来,并给你的情绪命名。

我的情绪记录:

_____

_____

_____

_____

_____

_____

_____

_____

敲黑板：

情绪是沟通的"天然屏障"

1.孩子处于情绪失控状态时，沟通不宜过早进行。先关照孩子的情绪，解除情绪造成的沟通障碍才是第一步要做的。

2.情绪失控的防御行为只有三大类：逃跑、攻击和木僵。年龄越小的孩子越容易产生这些应激行为反应，说明此时孩子正被情绪所困，沟通也是无效的。

3.当孩子的情绪阻碍沟通进行时，家长要先疏通情绪，再解决问题。这里给家长三点建议：第一，觉察和识别情绪；第二，与孩子的情绪保持协调；第三，等待沟通的时机。

恭喜你完成了"情绪"的学习，亮起了第 2 盏灯。当你点亮全部 7 盏灯时，就已经做好和孩子沟通的心理准备了！

Chapter 3

共情——沟通的"连接器"

孩子：妈妈，今天我数学只考了 99 分，差一分就是 100 分了，就能考全班第一了。

妈妈：这成绩挺好啊！都考 99 分了还不高兴？

孩子：我就是想考 100 分嘛！

妈妈：其实成绩不是最重要的，最重要的是你要快乐！再说 99 分也很高啊，别人想考还考不出来呢！

孩子：（气急败坏）你怎么这么不理解我？我就是要考 100 分！

妈妈：你这孩子，我这不是为你着想，不想让你太辛苦嘛！真是不可理喻！

这段对话有点拉仇恨的嫌疑。家里有个成绩如此优秀的孩子，家长还有什么心烦的？其实，亲子间能不能有效沟通，跟孩子的学习成绩好坏并没有直接关系。学习成绩好，不意味着亲子关系就好。家长虽然不担心孩子的成绩，但也被无法跟孩子顺畅沟通所困扰。一个家庭的关系是否健康，不需要用孩子的成绩和家长的事业成就来评定，而是要看这个家庭是否能够在有效沟通的过程中形成爱的氛围和共同面对生活困境的力量。

很显然，对话中的亲子沟通存在问题。妈妈说的话都对，但就是没有说到孩子的心坎里。妈妈的确很关心孩子，不想让孩子有太重的心理负担，但是用错了关心的方式，反而弄巧成拙。那么，孩子到底想要什么？其实，影响沟通的还是情绪。孩子为"差一分是满分"感到深深的遗憾，如果是我，我也会因此而沮丧，责备自己的粗心。这种情绪和分数的高低没有关系，和期待与现实的差距有关。

正如上一章所说，孩子此时掉进了"情绪地洞"，他被周围无尽的黑暗所困，无法理智思考，也不能勇敢向前；此时他需要的当然不是一个"判官"来评判 99 分是不是高分，而是希望有个人也跳下地洞，和他一起面对那份孤单与黑暗，这就是共情。没有家长的共情陪伴，孩子深陷情绪之中，亲子之间就不会有连接，一切沟通也就不可能开始。所以说，共情是沟通的"连接器"，沟通前先共情，让双方的心连接在一起，是家长必须学会的社会与情绪技能。

共情是情绪的协调

家长们对共情这个词并不陌生，它是由人本主义心理学家罗杰斯第一次提出的，也可以叫作"同理心"。但在我从事社会与情绪教育的过程中，从很多家长身上发现，大家对共情的理解却不尽相同。很多家长比较简单地认为，共情就是当孩子有情绪时，用一个规定句式说出他的情绪："你是不是感到……？"难道共情真的就是说一句话的事吗？这样的实践有效吗？也许你就这样做过，这样的共情几乎毫无效果，甚至还会起到反作用。有些家长回家后，一改平时的说话风格，刻意套用句式，招来孩子的反感："妈妈，你今天又去哪里学管制我的方法了？"这让家长很痛苦，不是说共情是沟通的"连接器"吗？但我试图去做了，怎么孩子还是不跟我连接呢？干脆不要共情了，还是老方法简单。

其实，这并不是要不要共情的问题，而是很多家长没有把共情的含义理解透彻。共情绝对不是单纯依靠语言可以做到的，是一种与孩子情绪协调的内在感受。就像收音机，如果家长与孩子的情绪，调不在一个频道上，就没办法做到连接，当然也播放不出亲子沟通的美妙音乐。

心理学家丹尼尔·戈尔曼在《情商》一书中讲到，共情这种能力是与生俱来的，但人们很少用言语来表达情绪，更多借助于身体的非语言信号来表达，比如声调、姿势、面部表情等；对方则是通过神经系统，直接接收到这些信号，唤起自己同样的身体反应，感受到和表达者同样的感受。这种同频的过程是一种直觉和感受。

一位妈妈讲述了一次经历。有一天，7岁的儿子放学回来，很沮丧地告诉妈妈，原来的两个好朋友都不和他玩了。妈妈感到孩子很无力，特别想帮助他，却也不知道能说点什么、做点什么。我问那位妈妈："那个时候你的感受是什么？"她想了想说："我也感到很无力，不知道该从何下手。"我接着问妈妈："你发现了什么吗？"妈妈仔细想了想，恍然大悟地说："我发现，其实我无力帮儿子的感觉跟儿子无力挽回两个好朋友的感觉是相同的！"这就是人类与生俱来的共情，尤其是妈妈和孩子的亲子关系，本来就紧密地连接着。妈妈其实已经无意识地捕捉到了孩子的情绪，达到了情绪的协调。

既然已经同频，为什么还要学习共情呢？心理学家发现，如果共情不被识别，就仿佛家长被动地和孩子掉进了同一个地洞。为了掩饰自己的不舒服，家长会本能地扔掉孩子的情绪，想办法率先爬出地洞。上面那个感受到无力的妈妈有可能会着急帮孩子出主意："你怎么这么笨，去找他们谈啊！""这有什么好难受的，你也不跟他们玩就行了。"或者说一句不疼不痒的话："你是不是感到很伤心？"这会让情绪协调的机会白白溜走，反而让孩子感觉不被理解，从而拒绝沟通。

但这种无力的情绪一旦被理智脑识别，家长就可以有意识地利用共情，与孩子的情绪展开积极的工作，效果就完全不同了。这位妈妈就做得很好。她意识到自己也是无力的，不知道能说什么、做什么，于是就真的什么也没说、什么也没做。而是把儿子揽在怀里，静静地和他一起体验这种无力感。

令人惊讶的是，第二天儿子放学回来，开心地告诉妈妈，他今天主动找两个朋友谈话："你们不和我玩我很难过，我想继续和你们作朋友。"结果是，一个朋友答应继续和他做朋友，另一个仍然不愿意。这个结果是孩子经过努力争取来的，虽然不那么完美，但也令人满意。看着儿子开心的笑容，妈妈内心感慨万千。

是的，看起来妈妈什么都没做，但她又的确做对了什么。那时那刻，她意识到了自己的无力，有意识地选择了与孩子的无力感在一起。这正是一种陪伴、一种鼓励，让孩子体会到了"有人和我同频共振"的幸福，反而激发起孩子内在的力量。当情绪过去后，孩子的理智恢复过来，他开始自主寻找赢回朋友的方法和策略。果然，他成功了！

这才是我们想要的有理智脑参与的共情（见图3-1）。因此，在亲子关系中，家长只有让理智脑参与进来，才能利用好共情的本能，在孩子最需要的时候给予恰当的共情陪伴。这样心与心真正连接起来，有效沟通才被开启。

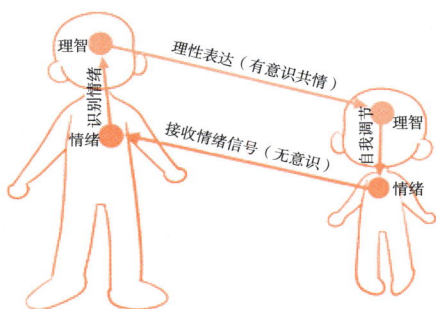

图3-1　有理智脑参与的共情

• 共情图解 •

当孩子有情绪时，家长先用情绪脑无意识地接收到孩子的情绪信号，和孩子感受到同样的情绪情感。然后经过自己的理智脑进行识别和整理，再用和孩子一致的表情、动作和语言有意识地传输回孩子。孩子看到家长的情绪反馈，似乎是给自己的情绪照个镜子，他对自己的情绪也有了认识，同时感受到了情绪协调带来的爱和理解。

SEL 老师给您的建议

共情是一种人与人之间内在的情绪体验，是与生俱来的能力。但要想发挥共情的积极作用，家长必须让理智脑参与进来，有意识地与孩子的情绪达到协调。

这些行为不是共情

因为共情是一种内在的体验，是家长与孩子心与心的连接，操作起来就显得很不容易。很多家长在实践时特别容易操作错误，导致南辕北辙。下面列举了三种常见的容易被误解为共情的行为。

开篇的那对母子对话，妈妈更关注的是事件本身，就事论事，对孩子的情感几乎没有反应。这种属于忽视型。共情不是解决问题，情绪没有疏通，孩子是没有能力解决问题的。如果对孩子的情绪长期视而不见，会削弱孩子的共情能力。他们不仅对他人缺乏同理心，对自己的情绪情感也没有觉察，被看作是"木讷"的人，或者说更像个机器人。

还有的家长会对孩子的情绪过度反应，这也不是共情。例如：孩子回家哭着对家长说："妈妈，今天老师骂我了！"孩子可能就是想要表达一下情绪，如果妈妈共情到了，他很快就会恢复。但有的家长自己对老师有较深的成见，孩子的情绪迅速激发了他强烈的愤怒。"这个老师怎么这么没有师德？""学校怎么不管一管？""我要去找校长谈一谈，惩罚一下这个老师"等等，一系列的行为反应让孩子本不那么严重的情绪，被放大了很多倍。这种状态会让孩子错误认识自己的情绪，以后再遇到类似的问题，他也会用如此夸张的情绪反应表达出来。

这种现象还有很多，我曾在街边看到一位妈妈领着孩子，对面一只小狗跑过来，孩子本来想走近去看看，妈妈却特别惊慌失措地拉着孩子离开，嘴里还念叨着："小心狗狗咬你，流血，可疼了！"瞬间，孩子的表情就变得狰狞、恐惧了。

被过度反应的孩子对很多事都产生较常人更强烈的情绪，因为他们不仅需要面对自己应该有的情绪，还帮家长也背负起了一部分情绪。就拿小狗的例子来说，本来孩子对小狗会有一点害怕，大约是 3 分的程度，但并不影响他尝试接近小狗、试探小狗的性情。但妈妈对小狗的恐惧更大，大约是 5 分，当妈妈把 5 分的情绪传递给孩子时，孩子对小狗的害怕就变成了 3+5 分，也就是说，孩子未来可能比妈妈更害怕狗。

同情也不是共情。在我还没有当妈妈的时候，每当看到朋友跟孩子生气，我就轻描淡写地劝她说："不用跟孩子着急上火，你跟他生气也没有用，还不如做自己的事，别管他了。"当时我以为共情到了朋友，但现在知道了，因为我根本没有体验过当妈妈的感受，所以在说出那句劝慰的话时，对朋友做妈妈的艰辛与不易并未感同身受，只能在她掉进的情绪地洞上面，"站着说话不腰疼"地给一点同情而已。

而今天，我也跟自己的儿子"摸爬战斗"了十几年，切身体会到当妈妈看到孩子"不听话"时的那种愤怒、无助与爱恨交织的感受。所以，我不会再对朋友说出那样的话，我会感受着妈妈的感受，理解她的不容易："做妈妈的，因为爱，一方面努力尽心的做个好妈妈，一方面却又不得不面对束手无措的焦虑，真是太难了！"我想，当我真正体会到和朋友一样的情绪时，朋友才会真正感到心与心的连接，这才是共情。

SEL 老师给您的建议

家长在实践操作时，请注意，有三种行为不是共情。一种是就事论事讲道理，对孩子的情绪反应过小；一种是对情绪事件过度反应，夸大对孩子的情绪反应；还有一种，同情不是共情，同情是知道对方的遭遇，但并没有体会和他一样的感受。

感受他人的感受

到底怎样做到共情呢？社会与情绪技能就是将抽象的认知概念变成可操作的方法和步骤。关于共情，我们可以做到以下三点。

1. 观察孩子的表情和动作

情绪情感大多是通过非语言信息传递的，尤其是孩子，他们更容易通过身体来表达。家长先暂时放下孩子说的内容，注意观察他的表情、动作，聆听他的语气，更容易帮助你正确捕捉到他的情绪信号。我们不妨练习一下。

（1）"妈妈，今天同桌欺负我，我可想打他了，可是我忍住了，没打他。"孩子一边说一边抬着头，声音很大，眼睛里有光。

你感觉到他的情绪是（　　　　　　），为什么？

（2）"妈妈，今天同桌欺负我，我可想打他了，可是我忍住了，没打他。"孩子一边说一边低着头，声音越来越小，眼睛里似乎有泪。

这次你感觉到他的情绪是（　　　　　　），为什么？

（3）"妈妈，今天同桌欺负我，我可想打他了，可是我忍住了，没打他。"孩子握着拳头，声音像巨雷震耳欲聋，眼睛瞪得圆圆的，牙齿咬在一起。

这次你又感觉到他的情绪是（　　　　　　），为什么？

你发现了吗？同样的三句话，孩子的表情、动作不同，传递的情绪也截然不同。第一个孩子可能在为自己成功的控制冲动感到自豪；第二个孩子可能为没有还手感到沮丧和委屈；第三个孩子可能为同桌欺负自己的行为感到愤怒。因此，提醒家长朋友，观察孩子的行为举止越细致越好。

2. 体会与孩子相同的情绪

当你捕捉到孩子的情绪信号，不妨去内心深处寻找自己相同的情绪经历。如果是我遇到这样的事情，我的表情是怎样的？我会有怎样的身体反应？心跳加速，还是头脑发热？四肢松软，还是肌肉紧绷？这样的觉察有助于和孩子产生情绪协调的感觉，用自己的切实感受体会到孩子的情绪，达到心与心的连接。

所以说，共情是建立在自我情绪感知力的基础之上的，只有情绪体验丰富的父母才更会共情孩子。反过来说，想要更好共情孩子的家长，那就放开去体验自己的喜怒哀惧，没有对错好坏，每次情绪的体验和积累，都是和孩子发生连接的最好资源。

3. 用与孩子相同的表情、动作和语气语调表达出来

这是情绪反馈的过程。正如前面图示，家长共情到孩子的感受，要经过理性加工传递回孩子。孩子看到家长的表情、动作，听到家长带有情绪的声音，就如同给自己的情绪照了面镜子，这样才完成了一次共情的全过程。当然，家长也可以用语言与孩子核实，但不能只用语言。

我在给孩子上社会与情绪课程时，就特别注意这一点。孩子高兴，我也高兴地回应；孩子声音低沉地讲心事，我也用低沉的语气告诉他我听到了。我时常感觉是在坐情绪过山车，只不过这是理智脑控制下的有意识共情行为。所以，很多家长反馈说孩子特别喜欢上我的课，因为他觉得我理解他。

还要重申一下，共情过程只用表情动作反馈就足够了，和孩子一起默默坐着，一起流泪，一起发牢骚，一起跺脚宣泄。等情绪过去后，再讨论如何解决问题。

SEL 老师给您的建议

做到共情有三个步骤：第一步，观察孩子的表情和动作；第二步，体会与孩子相同的情绪；第三步，用与孩子相同的表情、动作和语气语调表达出来。

孩子可以学到的 SEL 技能

经常被共情的孩子容易感受到爱与被爱，理解与被理解，自尊心强，还拥有较强的自我修复情绪的能力，这取决于家长达到情绪协调后的反馈。孩子通过家长不断给自己的情绪照镜子，了解自己，也更容易掌控自我情绪，有意识地调整行为。

经常被共情的孩子也一定拥有较强的共情能力。这是发展健康人际关系的关键，也为更多人际沟通打好基础。

经常被共情的孩子势必能发展出良好的道德品质。有证据表明，人类的共情水平是构成道德判断和行动的基础。越容易共情他人，越不容易做出伤害他人和社会的行为，社会责任感更强。

SEL大技能：

1.自尊心强，拥有较强的自我修复情绪的能力。

2.学习到共情，并成为共情高手。

3.发展出良好的道德品质，社会责任感更强。

GET

从"知道"到"做到"，你还需要多多练习哦！

请你记录一次与孩子共情的过程。发生了什么？孩子的情绪是怎样的？你是如何共情到孩子的？请详细记录下来。

共情案例记录：

_____

_____

_____

_____

_____

_____

_____

这次共情给你带来的思考是什么？你收获到了什么？

反思和成长：

_____

_____

_____

_____

_____

_____

_____

敲黑板：

共情是沟通的"连接器"

1. 共情是一种人与人之间内在的情绪体验，是与生俱来的能力。但要想发挥共情的积极作用，家长必须让理智脑参与进来，有意识地与孩子的情绪达到协调。

2. 家长在实践操作时，请注意，有三种行为不是共情。一种是对孩子的情绪反应过小；一种是对情绪事件过度反应；还有一种，同情不是共情。

3. 做到共情有三个步骤：第一步，观察孩子的表情和动作；第二步，体会与孩子相同的情绪；第三步，用与孩子相同的表情、动作和语气语调表达出来。

恭喜你完成了"共情"的学习，亮起了第 3 盏灯。当你点亮全部 7 盏灯时，就已经做好和孩子沟通的心理准备了！

Chapter 4

平等——沟通的"驱动器"

10 岁的陶陶想独自去同学家玩，妈妈一方面担心路上不安全，一方面又怕他和同学一起偷偷玩手机，或者回来晚了作业写不完，于是很坚决地拒绝了陶陶的请求。陶陶很为难，继续尝试和妈妈沟通："我已经和同学说好了，还有其他同学一起去，他们都等着我呢！""不行就是不行，没有什么好说的，你们几个凑在一起，还不是要玩手机嘛！"妈妈也越来越坚定。陶陶欲言又止，眼泪忍不住流下来。他不知道接下来还能说什么，只好给同学打了个电话，告诉他们自己不能赴约了，这次亲子沟通也就以失败告终了。

这类场景在亲子关系中并不少见，有的家长说，我们家的沟通就是如此，孩子年纪还小，他就要听大人的，所以，我们家也没有什么矛盾冲突，家长做主，孩子听话，一切安好。

不能否定，这样的亲子沟通也确实看似平安无事，但它并不是真正意义的沟通。我们把眼光放长远，如果孩子从小只学会用这样的方式沟通，到了成人世界中，又会是什么状态呢？或许他也只能寻找那些帮他做决定、强势的领导、同事或者伴侣，习惯性地把自己放在低人一等的位置上。可以说，这种沟通方式造就的是人与人的不平等关系，培养的是低自尊的孩子。

因此，真正意义的沟通是从平等关系开始的，平等是沟通的驱动器。在平等的关系中，才能促进双方的沟通朝着积极的方向展开。用不平等的命令推动，沟通只能勉强走一步；用平等的态度推动，沟通会通向更为广阔的空间，也能激发出更多的可能性。

平等是对人格的尊重

我曾在一次父母素养培训上体验了一个活动——能力巨人。两人一组面对面，一人站在高高的椅子上，一人蹲在地上，两人可以互相交流、谈话。当时说了什么不记得了，但那种感觉却深深地印在我的脑海里。无论说什么，两人高度的落差，都会让站在椅子上的人产生一种凌驾于人的感觉；而蹲着的人，却只能抬头仰望，有种被践踏的屈辱感。我和搭档尝试交流了不到一分钟，越交流越无法亲近，伸出手都够不着的感觉扑面而来。于是，我俩不约而同放弃交流，等待活动结束。

这不正是前面案例中亲子关系的真实体验吗？这种沟通是建立在傲慢与屈辱的感觉之上的，无论在上和在下，都很不舒服。直到我们回到地面，面对面，眼睛在同一水平线上交流，心里的不舒服才逐渐恢复，交流也变得亲密起来。

这个活动让我反思了亲子关系中的不平等关系，也让我感受到真正的沟通是建立在平等之上的。这里的平等绝不是物质的均等，而是人格的尊重。

什么叫人格的尊重？

我的理解是，相信每个人都有不同的感受和思想，即使和自己的差异甚大，但也值得去倾听和理解。家长要相信，孩子虽然不成熟，但他也有自己的想法，很可能与家长的想法截然不同，也可能不现实，但却充满着创造力和想象力。尊重他们的想法，就是对他们人格的尊重。

前面案例中妈妈考虑的确实有道理，但孩子是如何考虑的？他提出独自去同学家玩，又有什么想法和期待？妈妈没有给孩子任何表达的机会，强势地拒绝，却忽视了孩子想法的存在。这会让孩子感觉到人格被践踏，如同那个蹲在地上的人。

对人格的尊重还有一个维度的理解，就是相信每个人都拥有决策的能力，都有权利为自己的决定负责。这一点很重要，一个人成熟的标志是懂得负责任。一个事事不能决定，没有机会承担责任的人，又谈何有尊严？

案例中 10 岁的陶陶，他感觉自己长大了，想要为自己做一次主，却不被允许。表面上看是妈妈不让陶陶去同学家玩，实际上是不相信他可以为自己的决策负责，不给孩子决策权，也不给孩子担责的机会。难怪陶陶忍不住流泪，因为他感到妈妈在嘲笑他："你不行！"

因此，平等是沟通的基础，没有平等的关系，也就没有平等的沟通。孩子在不平等的关系中既展现不出积极的创造力，也不能为自己争取决策和负责的机会，沟通还有什么意义呢？当然不值得继续沟通下去。

借用社会与情绪课程中的一句话总结：人人有不同，都要被尊重！每个家庭成员都拥有平等的人格，沟通才更有动力。

> **SEL 老师给您的建议**
>
> 平等是沟通的基础，家长相信孩子有自己的感受和想法，尊重他们的决策权，这样才能有助于沟通的展开。

亲子关系不需要绝对平等

看到这个小标题，可能会有人质疑我："你这不是自相矛盾吗？一会儿说要平等，一会儿又说不需要绝对平等。"这个问题问得好，说实话，我在写下这个标题时，也感到纠结。但想来想去，还是决定留下这个看似矛盾的观点。这与亲子关系的特殊性有关，不希望因为家长看了上文的内容，就一味追求家庭中绝对的平等关系，这其实对孩子的成长也没有好处。

亲子关系的特殊性在于，他们是成年人与未成年人之间的关系，从身高、阅历、思想、心理的成熟度看，本身就是一种不平等的关系。家长可以相信孩子有自己的想法，但不能完全按照他们的想法做决定，毕竟孩子的心智不成熟，想法和行为容易偏激。这时不能把他们当作成人，处处商量沟通，反而需要给他们一些指令和教导，帮助他们学习更多的社会经验，逐渐长成心智成熟的人。

另外，从孩子的成长需要看，他们也希望有父母作为依赖。不仅在情感上，在日常的点点滴滴，听家长的话可以让他们感到有归属感，这正是孩子在家庭中的价值所在。过早独立的孩子虽然享有自由，但内心缺乏安全感，还可能因为经验太少，容易犯大的错误。

鉴于这些原因，所以说，家长要把孩子当作一个人，但却不能当作一个成熟的人。尊重他们的人格，但不能事事都去平等的沟通，放弃作为家长的监管权、教导权甚至是命令权。

例如：有的孩子上学磨磨蹭蹭不想出门，看着时间已经很紧张了，家长要不要命令孩子出门？我说要，而且要斩钉截铁地强制孩子出门。因为孩子此时只能看到不去上学的好处，却不能理解上学更长远的好处。此时家长要行使自己的权利，强制带他到学校。去了学校，孩子可以学到更多知识，接触更多朋友，被老师表扬，被保安夸奖……这些美好的体验不是孩子的心智可以预想到的，需要家长强制执行。

有的家长又会问，那到底怎么掌握这个尺度呢？在此提供两个原则。

第一个原则是因年龄而定。发展心理学家发现，孩子的心理发展随着年龄的变化向成熟推进，每个年龄阶段都有其主要的发展任务。大体规律是，年龄越小，越依赖于家长；年龄越大，越趋向于独立和自主。所以，跟孩子平等沟通的频率要随着孩子年龄增长，逐渐增加频率；直到青春期开始（13岁左右），家长可以基本把孩子当作成人，完全平等沟通。

前面案例中的陶陶已经10岁了，马上接近青春期，他有一定的能力为自己的决定负责，但妈妈强制地阻止了他，陶陶感到很屈辱。如果陶陶还是个5岁的幼儿，妈妈是完全可以这样做的，也许他会闹会儿脾气，但情绪过去了，还会赖在妈妈怀里，享受地做个听话的宝宝。

第二个原则是因事件而定。生活中大大小小的事件很多，有的意义重大，有的鸡毛蒜皮；有的很紧急，有的可以等一等；有的家长很在意，有的孩子很重视。哪些事件可以用平等的方式沟通，哪些则需要从上向下的要求和命令？这需要家长回到自我觉察。

家长在选择沟通的事件和内容时，不妨先问问自己："这件事我能接受平等的沟通吗？如果孩子有自己的想法，我能尊重他的决定吗？"如果你的答案是肯定的，那就给孩子平等沟通的机会；如果你的答案是否定的，那就跟孩子说明，这件事不能商量，必须按照家长的决定去做。千万不要打着沟通的幌子，把自己的想法强加给孩子，这样是一种误导，不仅容易激发孩子的反抗情绪，还会让他对自己产生怀疑。

SEL 老师给您的建议

家长想要与孩子沟通，就要做好平等的准备。如果有些事不能平等沟通，也不必强求。一般来讲，随着孩子年龄增长，平等沟通的机会要越来越多，孩子自己能够承担的责任也需要逐渐增加。千万不要打着沟通的幌子命令孩子。

有些事最好不要平等沟通

前文说了，亲子关系中的不平等也是必要的。从心理发展角度说，孩子要像孩子一样长大，很多事就是需要家长决定、负责和代劳的。那么哪些事家长最好不要与孩子平等沟通呢？

首先，涉及孩子生命安全的事不需要沟通。孩子年龄小，他们对生命的理解、对自我保护的能力和力量都是弱小的。在家庭中，家长必须担负起保护孩子生命安全的责任和义务。

有时候孩子贪玩，想要挑战安全的极限，此时家长要评估和掌握孩子的能力范围，或者做出必要的保护措施，这是不能和孩子沟通和商量的。例如：滑雪、滑冰等活动必须戴好保护器具；疫情期间必须戴好防护口罩等。前面案例中 10 岁的陶陶想自己去同学家，家长必然要为孩子的安全负责。所以，认真评估路途远近、乘坐什么交通工具、怎样及时联系对方家长等问题需要家长考虑，该坚持的底线要坚持，不可商量。

第二，父母间的事情不要平等沟通。有些家庭，本来是父母自己的问题也要拿出来和孩子平等沟通，甚至由孩子决定，这是不对的。例如：有的父母想生二宝，与孩子沟通，孩子同意才生。这会让孩子与父母产生错位的亲子关系。正确的做法是，父母自己决定是否要生二胎，通知孩子即可。

还有的父母，两人之间有不可调和的矛盾。一方感觉压力太大、无法承担，就会把孩子当作倾诉对象，和孩子沟通解决办法。这样做很有风险，孩子虽是家庭成员，但也不应该事事参与，这反而会增加他们的心理负担，过早成熟，引起心理疾病。正确的做法是，和孩子沟通与他们相关的事情，承担他们可以承担的责任。毕竟，孩子小小的肩膀负担不起太多成人的苦恼啊！

> **SEL 老师给您的建议**
>
> 孩子还小，不能事事平等沟通。涉及安全底线的不能沟通，父母自己的事情不需要沟通。

孩子可以学到的 SEL 技能

在家庭中有过适当平等沟通经验的孩子，他们在自己的人际关系中，也能保持自尊，不卑不亢，与他人平等沟通和交流，展现自己的想法和创造力。

在家庭中某些不平等的交流，也会丰富孩子的社交经验，有收有放，获得更多复杂关系的处理经验，找到尊重自我与顺从适应之间的平衡。

SEL大技能：

1. 在自己的人际关系中能平等沟通，展示自己的想法和创造力。

2. 找到尊重自我和顺从适应的平衡。

从"知道"到"做到"，你还需要多多练习哦！

请你记录一次与孩子平等沟通的经过，你们是如何展开谈话的，请记录下来。

> **沟通案例记录：**

_____

_____

_____

_____

_____

_____

_____

_____

_____

这次沟通给你带来的思考是什么？你收获到了什么？

> **反思和成长：**

_____

_____

_____

_____

_____

_____

_____

_____

敲黑板：

平等是沟通的"驱动器"

1. 平等是沟通的基础，家长相信孩子有自己的感受和想法，尊重他们的决策权，这样才能有助于沟通的展开。

2. 家长想要与孩子沟通，就要做好平等的准备。如果有些事不能平等沟通，也不必强求。一般来讲，随着孩子年龄增长，平等沟通的机会要越来越多，孩子自己能够承担的责任也需要逐渐增加。千万不要打着沟通的幌子命令孩子。

3. 孩子还小，不能事事平等沟通。涉及安全底线的不能沟通，父母自己的事情不需要沟通。

恭喜你完成了"平等"的学习，亮起了第 4 盏灯。当你点亮全部 7 盏灯时，就已经做好和孩子沟通的心理准备了！

Chapter 5

语言——沟通的"输出管道"

　　一年级（2）班教室里，老师正在给学生颁发这周行为表现的小红花。学生们各个都想得到小红花，于是坐得端端正正，等待老师叫到自己的名字。等到最后，乐乐、明明和萌萌都没有得到小红花，原因是上操的时候迟到了。

　　回到家中，三个孩子向家长表达了这件事。

　　乐乐有点沮丧地对妈妈说："妈妈，我特别想要得到小红花，但今天没得到。老师说我上操迟到了，我很难过，你能不能给我买个好吃的，吃了我就开心了。"

　　明明高兴地对妈妈说："妈妈，今天老师发给我一朵小红花，可好看了，我把它贴在墙上了。"

　　萌萌什么也没说，见着妈妈就大哭不止，还一个劲儿拉着妈妈去学校找老师。妈妈问她到底怎么了，她就是不停地哭，什么也不说。

　　看到上面的案例，如果你分别是这三个孩子的妈妈，会有什么感受？你会做出什么反应？乐乐的妈妈很清晰地知道孩子的情绪、原因和需求，接下来会和他讨论这件事，并适当满足他的需求。明明的妈妈会很高兴，对孩子的话信以为真，可当她知道真相的时候，会非常生气，她可能认为明明学会了撒谎，感到很困扰。萌萌的妈妈会被孩子的不正常行为搞糊涂，不知道到底发生了什么。

　　同样的事件，三个孩子的表现完全不同，这其中最明显的原因就是语言表达的差异。因此，要想与孩子顺畅沟通，语言是最重要的"输出管道"。像乐乐那样清晰表达的孩子，会减小沟通的困难。但明明和萌萌的语言表达反而成了沟通的障碍，增加了妈妈与之沟通的难度。

这一章我们就重点说说语言是如何发挥其"输出管道"作用的。

言语化是心智成熟的重要标志

当你在阅读此书时，我其实就在与你沟通了。我把大脑中的所思所想用文字记录下来，你再通过阅读接收到我的思想和观点。不管你是否认同它们，总而言之，通过书面语言，我们实现了沟通。

当然，文字沟通只是一种方式，口语才是大多数人交流的核心。每个人，每时每刻，都在用语言交流和互动着。语言给我们编织出一张巨大的人际网，也让我们相互协作、达成共识、分工合作、实现目标。这正是人类语言的魅力，也是人类之所以强于其他物种的主要原因。

英国生物学家达尔文认为，人类的语言能力是进化的结果。想象一下，原始人类什么时候需要进化出语言呢？集体打猎时，大家可以用"嚎叫"作为出击的信号，尚可不用语言。但当大家围着篝火享受猎物时，会做些什么呢？其中最重要的任务就是把这次打猎成功的经验和失败的教训相互交换，提高下次的成功率，这可是"嚎叫"无法实现的。于是，那些善于总结和交流的人类活了下来，语言也就逐渐形成了。正因为他们善用语言，获得的信息更多，所以比起那些只会用行为和情绪表达的人能够更快、更准确地掌控生存环境，做出准确的判断和灵活的行为决策。这些善用语言表达的人，心智更成熟，生存能力更强。

结合前面介绍过的三脑结构说，理智脑协同情绪脑和行为脑运作的行为才是心智成熟的表现，而语言正是理智脑参与的证明。理智脑把很多无意识的情绪进行识别，并分析、整合成人类共同的符号，用语言的形式传递出来。可以说，没有语言作为工具进行输出，人类的情绪和想法就只能停留在大脑的最深处，无法展现，更不可能被他人所了解。

再看看案例中的三个孩子，谁的心智更为成熟？很显然，是乐乐。他成熟的语言能力清晰地表达了情绪、想法和需求，达到了内在感受与言语输出的统一。社会与情绪课程中关于言语表达的内容，就是在帮助孩子们像乐乐一样，自我觉察情绪和想法，并准确地用言语表达，增强他们人际沟通的能力。

明明呢？他也在用语言表达想法，但他表达的是幻想出来的事，得不到小红花让他很沮丧，但他的心智模式还不够成熟，不能准确辨识情绪和原因，也不知道如何表达出来。于是，他启动了想象机制，用想象出来的事安抚自己受伤的心情。这种情况在孩子 3 ~ 5 岁时很正常，因为其言语功能发育不够健全，还不能做到整合内在和现实的信息，做出准确地判断和表达，所以家长千万不要误认为明明在撒谎，给予批评，而要跟他一起完成想象。当他通过想象满足了内心需要时，现实中也就不再追究小红花的问题了。

萌萌的行为表现，基本属于心智发育不成熟的状态。她只会用情绪和行为表达内在想法，却无法启动言语功能，这给沟通造成了很大障碍，令妈妈无从下手。

SEL 老师给您的建议

孩子心智成熟发展的重要标志是用言语化表达，但这不单单指会说话。言语化能力需要理智脑把很多无意识的情绪、想法识别出来，并分析、整合成语言符号表达出来，达到内在感受与外在表达的统一。

言语化的多种表达方式

言语化表达大体有三种形式，口语表达、文字表达和自我表达。

口语表达是最常见的沟通方式。当遇到困惑时，跟朋友聊聊天，这就是最简单的沟通。我儿子今年初三，经常和同学聊聊中考的问题。

"你准备中考考什么学校？高中还是职高？"

"咳，学习成绩不理想，我也担心考不上高中。"

"其实，你身体素质比我好，去当兵也是个不错的选择。"

"这倒是个办法，我想想看，再问问我爸妈。"

这段简单的对话中，双方传递着内心的情绪和想法，随意但真实，自然地让思想发生着碰撞。这种沟通令双方感到安全、温暖，但往往又能得到启发。

不过，当情绪比较激烈时，口语就显得不那么容易沟通了。当家长和孩子观点不一致、发生冲突时，在不淡定的情况下，沟通难以进行。一位妈妈给我讲述了她家的父女战争。因为要不要自己洗衣服，爸爸与女儿争执不休，各说各的道理，还把以前的陈芝麻烂谷子的事都一股脑搬了出来，越吵越气，甚至言语上出现了人身攻击。结果以女儿的出逃告终，妈妈不知道该如何收场。

从这个案例看，口语式的沟通很容易被情绪影响，本来想着好好沟通，可不知为啥说出口的话就变了味儿，不仅沟通失败，还加深了父母和孩子的矛盾。如果父母不能控制好情绪，那么建议沟通可以用书面文字进行。

文字表达就是用文字的方式进行沟通。现代社会文字表达的途径和方法越来越多，微信、QQ、微博、邮件等电子平台，都提供了文字沟通的可能。文字表达的好处是可以深思熟虑，把要表达的情绪、观点梳理清楚，措辞更加准确，思考更加全面。当然，也不容易太露骨地传递情绪。

　　对于年龄小的孩子，家长可以采取单方面的文字表达，以父母的视角给孩子写字条，让孩子了解到家长的情绪、想法。年龄大的孩子，则可以双向表达。很多家庭的成员就喜欢用微信沟通，有什么话文字表达，也是一种家庭沟通文化。

　　刚刚讲到的父女斗争，离异的父母与女儿最后就是以文字沟通的方式达成了和解。征求当事人同意后，我把对话内容放在这里，供大家学习。

　　妈妈给爸爸的留言：

　　知道你这会儿还在生气，我跟孩子说也说了，训也训了。我也有些话想对你说：我承认，我不是合格的妈妈，我没有给自己的孩子完整的家。所以我没有资格对她的行为进行粗暴的干涉，只能小心翼翼的呵护。不是想惯着她，而是希望她可以像我理解她一样理解我。因为每个人都不容易，无论是孩子还是父母。你呢，也不能觉得自己合格啦，至少你没有给她找到一个合格的妈妈，所以也希望你可以小心翼翼一点，不要轻易地说她。这样的不理解会换来更多不理解。长大了，我希望她可以从我们的错误中学习到如何认识自己，如何去爱别人，如何过好自己的生活。生活本不易，且行且珍惜。另外，老人和孩子的矛盾要双方调节，不能一味指责孩子。尊老也得爱幼。这需要我们的能力，不能越帮越忙。孩子的生活细节，我帮不了太多，辛苦你这么多年了。感谢！少生气，身体好才能少给孩子添乱。保重！

　　女儿给爸爸的留言：

　　这次给你发信息是说一下今天发生为事：

　　第一，我不希望我奶奶收拾我的房间，我自己会收拾，如果你们实在觉得我的房间脏乱差，要我收拾或者替我收拾，麻烦你先征得我的同意，并且告诉我，我的东西都放在哪里了。

　　第二，我这个人一直是秉承着别人怎么对我我怎么对别人。在你谴责我说话重的时候，麻烦你想一想，我有对你说过这么重的话吗？有对我妈说过这么重的话吗？我和我的同学也这么说话吗？在我看来都是没有的，那为什么我唯独只对我奶奶说出这样的话呢？这是因为她平时对我的道德绑架，对我的污蔑。也许你平时感受不出来，但是这些事情都是确确实实地发生了，并且让我非常难受和不舒服。语言是拥有十分强大的力量的，这导致她不需要说脏字也让我感觉到伤心和心寒，有时我感觉这不像是一个和我至亲的人能说出来的话，这真的很伤人。

第三，关于我和我奶奶的关系，我不想修复了，麻烦你转告她，以后我的房间也不用收拾了，我的饭想做就给我做一口，不想做就不用了，我自己也能吃饱，衣服我自己会洗，也不需要她来帮我洗。

第四，关于明天送我的事情，我承认今天我确实做得很过分，所以，明天你想送我，你就和我说你要送我，你要是不想送，我就自己想办法去学校。谢谢。

爸爸给女儿的部分留言：

冰冻三尺非一日之寒，要指责别人的时候也应该同样在自己身上找找问题，往往一个巴掌拍不响，你奶奶有你奶奶的问题，经常没有正向激励而往往是反向挖苦贬低，我小时候她也是对我这样，这是她们那一代人的通病，是时代的烙印，你让她改变也不可能了，都70岁的人了你还让她怎么变？关键还在于你自己的内心要够强大，你自己要问心无愧，可是你做到无愧于心了吗？别人说你的问题你没有吗？

第一，个人卫生是一个人的基本素养，试问每天脸不洗牙不刷的人是什么人？不是要出门见人才需要洗脸刷牙的。这关乎健康、关乎个人素质。你看因为你不经常刷牙，你的牙都黄成什么样子了？满是牙菌斑，牙齿蛀了，满嘴烂牙你还怎么唱歌？

第二，关于骂脏话的问题，也是个人素养问题，任何时候都不应该出口那样的话，和用恶毒的语言攻击至亲之人。心平气和的沟通才能证明你的正确和内心的强大，歇斯底里只是证明你内心的惶恐和缺乏认错的勇气，你狂乱的输出只能说明你对自己行为内心的否定。

第三，我昨天一句话也没有批评你，不是我对你行为的认可，只是希望你在情绪发泄过后能够自我反省，能够把自己的事情做好而不是只是怪罪别人。

还有一种表达方式是自我表达。有的时候，我们对自我的觉知和思考不一定要说给别人听，不爱说话不等于没有言语化能力。身边有些人，虽然不爱言谈，但也拥有成熟的心智。他们对自己的认知通透明确，经常用自我表达的方式诉说着内心的世界。孩子特别喜欢用这样的方式练习言语化能力，他们时常用玩偶扮演着内心的各种角色，自言自语的表达着自己。

另外，需要注意的是，言语表达因为有聪明的理智脑进行加工，很多是有虚假成分的。比如邻居看到你牵着狗，就会应和说："我可喜欢你家小狗了。"其实可能心里正为狗叫声感到心烦。孩子看到妈妈生气了，赶紧收起眼泪对妈妈说："妈妈，我听你的话，以后再也不淘气了。"其实，只要妈妈气消了，孩子说过的话早就抛到九霄云外了。

因此，沟通不能只听对方说什么，还要结合非言语的表情、动作来判断，这就需要前面章节说到的情绪能力了。非语言信息相对语言信息，虽然比较粗糙、模糊，不易识别，但它更忠实于身体和真实的情感、想法。例如：有时在和孩子沟通时，虽然他嘴上一直应和着你，但眼睛却左看看右看看，一会儿抓抓头、一会儿动动笔。这其实是孩子已经在用非语言信息告诉你："你说的话我不想听。"特别是心智不够成熟的孩子，听他们说话一定要结合非语言信息。

当然，家长朋友也可以自我觉察一下，在什么时候，你的非语言信息和语言表达是不一致的？哪一个才是你真正要表达的情绪和想法？这样的表达，孩子更容易接收到哪一个呢？

言语化表达可以有三种形式：口语表达、文字表达和自我表达。在与孩子沟通时，家长要把语言和非语言信息结合起来判断。往往非语言信息传递的才是孩子真正想要表达的内容。

培养孩子的言语化能力

前面说到，言语化不是指会说话。孩子在 1 ～ 2 岁就学会了说话，但并不能证明其言语化能力发展成熟。在前面的案例中，明明和萌萌都会说话，但却不能准确地表达出内在的情绪和想法。这种表达对沟通是没有意义的，既不能清晰表达自己，也没有能力让对方了解自己。

当然，孩子还处在言语化发展的过程中，虽然有些孩子在某个阶段相对落后于其他孩子，但尽早干预和给予指导，是完全可以发展完善的。如何培养孩子的言语化能力，促进孩子的心智逐渐成熟？它的基本原理就是，帮助孩子提升理智脑的觉察和调控能力，达到理智脑、情绪脑和行为脑的协同运作。

具体有三个关键步骤：

1. 识别。准确表达的第一步是识别情绪和想法，也可以称为觉察。这是理智脑非常重要的作用。无意识的情绪和想法只有被理智脑识别，才有了意义。如果不被识别，情绪和想法就会肆无忌惮地掌控着身体和行为，让人做出无法理解的行为反应。前面案例中萌萌的行为，就是一种典型的情绪不被识别的状态，她对自己没有得到小红花的情绪和想法都是不清楚的，理智脑几乎处在失联状态，只能任由情绪脑和行为脑的控制。

此时的妈妈，需要先关照她的情绪，帮她看到自己的表情，询问她身体有什么感觉？然后尝试用语言表达出她此时的感受，与她核实。"你现在哪里不舒服？""嗓子什么感觉？鼻子呢？心里觉得憋吗？""是不是发生了什么事，让你感到很伤心？"除了情绪，想法也是如此。"你为什么这么伤心？想一想，今天在学校发生了什么？你想要什么，指给我看看。"这些问题都可以促进孩子回到内心深处，启动理智脑觉察和识别。

2. **逻辑**。要想用语言清晰地表达，需要把众多感受和想法用特定的语言符号组合起来，让人能够听得懂，就需要培养孩子的逻辑能力。理智脑就像一个编织语言的工厂，选择哪些符号、按照什么顺序编织，这不是孩子与生俱来的，是需要训练的。

我们可以发现，刚刚学会说话的孩子表达完全没有逻辑，他们只会一个字一个词地"蹦"，家长也只能一点一点地猜。到了 3 ~ 6 岁，单独的字词开始形成句子，但因为没有逻辑，孩子的表达会显得特别冗长、杂乱无章，家长也很难搞清楚孩子到底想说什么。直到上了小学，孩子理智脑的认知功能开始快速发展，逻辑也逐渐在形成。这时，我们可以开始有针对性地训练。例如：当孩子想要表达情绪时，家长可以让他用"我感到……"的句式说出来。孩子想叙述一件事，但啰啰唆唆说不清时，家长可以提示他："你能用一句话（或三句话）说清楚自己的想法吗？"

有些家长发愁孩子不会写作文，其实，只要你注意引导孩子表达，他每次对自己情绪和想法的表达，都是一篇口头作文。在训练孩子逻辑能力的同时，作文能力也得到训练。

3. **输出**。识别是积累表达的素材，逻辑是做好表达的准备，输出则是最后一个步骤。孩子输出时的词句从简单到复杂，也是需要长期训练的。孩子词汇量随着体验的丰富，沟通的范围扩大，也在逐渐增加。尤其他们上了小学，遇到了很多老师，课程内容也丰富起来了，周围的同学也都像出了笼的小鸟，积极地探索着各种新的词汇，练习着表达。这时，家长要给他们创设更多与同伴交流和沟通的机会，鼓励他们尝试使用更多词汇。当孩子使用错误时，切忌嘲笑或者勒令禁止，直接告诉他如何正确使用和输出就好。

　　案例中的明明，他把想象中的事讲给家长听，也许他并不知道该如何准确输出自己的想法。家长不要简单地认为他是在撒谎，而要更加耐心地告诉他，这是他想象出来的事，并教他练习说"我想要得到一朵小红花"。

　　总之，言语表达能力强的孩子不是天生的，一定是家长在与他沟通陪伴的过程中做对了什么。经过大量的观察和实践，我发现，有意识地训练可以提升孩子的言语表达能力。一个 5 岁半的孩子对妈妈说："妈妈，你知道我为什么想玩手机吗？因为我想让你陪我的时候，你总是不能陪我。所以，我就让手机陪我了。"可见，孩子的主动表达增加了亲子准确沟通的机会，父母也能轻松很多了。

SEL 老师给您的建议

　　培养孩子的言语化能力，主要有三个步骤：第一步，识别情绪和想法；第二步，用逻辑组织成语言；第三步，创设输出的机会练习。

孩子可以学到的 SEL 技能

经过这样训练的孩子，大脑的三个结构就像机器的零部件，协同运作着。他们的大脑不是简单的存储仓库，而是强大的语言加工厂；他们不仅善于沟通，语言表达能力强，更是自我探索的高手。

SEL大技能：

善用理智脑协同情绪脑和行为脑工作，是语言表达、人际沟通和自我探索的高手。

GET

从"知道"到"做到",你还需要多多练习哦!

请你记录一次训练孩子言语表达的过程。你说了什么?做了什么?孩子反应如何?结果如何?

言语表达案例记录:

_____

_____

_____

_____

_____

_____

_____

_____

这次训练给你带来的思考是什么?你收获到了什么?

反思和成长:

_____

_____

_____

_____

_____

_____

_____

_____

_____

敲黑板：

语言是沟通的"输出管道"

1. 言语化能力需要理智脑把很多无意识的情绪、想法识别出来，并分析、整合成语言符号表达出来，达到内在感受与外在表达的统一。

2. 言语化表达可以有三种形式：口语表达、文字表达和自我表达。在与孩子沟通时，家长要把语言和非语言信息结合起来判断。往往非语言信息传递的才是孩子真正想要表达的内容。

3. 培养孩子的言语化能力，主要有三个步骤：第一步，识别情绪和想法；第二步，用逻辑组织成语言；第三步，创设输出的机会练习。

恭喜你完成了"语言"的学习，亮起了第 5 盏灯。当你点亮全部 7 盏灯时，就已经做好和孩子沟通的心理准备了！

冲突　共情　语言　情绪　平等

Chapter 6

游戏——沟通的 "糖外衣"

　　一年级的男生小政不小心碰到了同学，同学的胳膊发生了轻微骨裂。小政觉得自己闯了大祸，害怕极了。他担心同学再也好不起来了，老师和妈妈从此不喜欢自己了。于是不想吃饭，甚至晚上都睡不好觉。妈妈看见很担心，特别想跟他聊聊，帮助他好起来。

　　下面我将列举妈妈的两种沟通方式，在比较中体会它们的优劣。

　　方法一：

　　妈妈：小政，妈妈知道你把同学的胳膊碰伤了，很害怕。其实没关系的，他的胳膊大夫已经帮助他看好了，过几天就好了。

　　小政：妈妈，都是我不好，我弄伤了他的胳膊，他再也好不起来了。

　　妈妈：怎么可能呢？他只是受伤了，一定会好的。

　　小政：……我……

　　妈妈：没事的，肯定没事的，你放心吧！

　　小政：哦……

　　方法二：

　　妈妈：小政，今天妈妈跟你玩魔兽大战的游戏吧！

　　小政：好啊！我当奥特曼。

　　妈妈：我也当奥特曼，我是你的队友，咱们一起打怪兽！

　　小政：好！呜……咣……哈哈，怪兽被打死了！

　　妈妈：哎呀！你碰到我的奥特曼啦！腿好疼，站不起来了！

　　小政：妈妈，你的奥特曼怎么了？

　　妈妈：好像受伤了，现在我不能跟你一起打怪兽了，要休息一下，行吗？

　　小政：好，我陪你一起休息。

　　妈妈：你说我是不是再也好不起来了？再也不能和你一起打怪兽了？我好害怕啊！

　　小政：妈妈，你别害怕，你只是受伤了，我给你治疗一下。

　　妈妈：太好了！你来当医生，快给我吃点药、打个针，我就能好起来了！

　　小政：好的，你放心吧，我这个大夫可厉害呢！（假装给奥特曼抹药，打针）

　　妈妈：哈哈，我的腿好啦！谢谢你给我看病，咱们继续打怪兽去吧！

　　这两段亲子沟通中，妈妈都是在试图帮孩子减轻害怕的情绪，让他明白"同学受伤是可以好起来"的道理。但一个是用语言直接表达，一个是在游戏中引导。你觉得哪种更有效呢？不言而喻，当然是游戏了。

　　这就是我们这一章要谈的话题。游戏是孩子们的最爱，但你知道吗？游戏看似只是玩耍，却承载着孩子们重要的成长任务。如果家长能利用好游戏，深入孩子的游戏之中进行沟通，会让沟通的效果事半功倍。接下来我们就仔细谈一谈游戏在亲子沟通中的重要意义和价值。

游戏是沟通的极好机会

　　儿童发展心理学认为，游戏是孩子心理成长的重要载体。在游戏中，孩子不仅可以更为安全地表达潜在情绪，也可以在自己构建的场景中学习各种技能。这些技能都是未来所需的，在现实社会操练之前，游戏是最好的练习机会。

　　前面案例中一年级的小政，才刚满6岁，之所以会出现恐慌，正是因为他的理智脑对现实分析评估的能力还很弱，社会经验也极少。而对于家长来说，这件事并不是什么大事，结合丰富的社会经验，我们知道这点小伤一定能好起来。但对于小政来说，这就是天大的事情。缺少经验的他会想象出一个无比可怕的结果，让他幼小的心灵承受着巨大的压力。这是一种非理性状态下的情绪反应，如果家长只是站在成人的视角下给他讲道理，当然不起作用，甚至还会给他增添更多的不解和烦恼。

这该怎么办呢？游戏是特别好的工具，它给亲子沟通穿上了一层"糖外衣"，让教育和引导不那么直接和难以接受。

第二种方法中，妈妈通过游戏进入孩子想象的世界中，扮演成孩子的同伴，用同伴的视角告诉孩子，受伤是正常的，是可以好起来的。这看似是一个玩耍的过程，实际上却在帮助孩子学习新的认知。让孩子在游戏中感到放松，特别容易流露出真实的情绪，也因为妈妈的演绎，在不知不觉中，小政看到了事件新的结果。当他再回到现实世界时，脑海中就不再单一地认为"同学再也好不起来了"，他还可能会想，"同学过几天就像妈妈的奥特曼一样，完全康复，能继续和我玩了"。

为什么游戏是沟通的好机会呢？我总结了游戏对于亲子沟通的三点好处。

1. 在游戏中有利于发现沟通的话题

刚刚讲到，孩子在游戏中最容易放松身心，以没有心理防御的状态投入游戏中，这时会展现出一些无意识的情绪和想法。例如：有的孩子平时内心有愤怒的情绪，但因为外部环境不够安全，会把情绪压抑在潜意识中，平时则以一个有礼貌懂事听话的"好孩子"形象出现。但是，如果你仔细观察会发现，他们比较喜欢玩摔打类的游戏。现在市面上有一种叫作"起泡胶"的玩具，它可以在手里任意揉搓、反复摔打。这些孩子就特别喜欢玩它，通过反复摔打，宣泄掉内在的愤怒情绪。当你发现孩子的这种游戏行为，就可以尝试与他沟通情绪，有意识地了解孩子的内在情绪从何产生。

我在《理解孩子》这套书中看到一个案例，也证明了这一点。5 岁的 James 有一天用两只倒着放的椅子做了一架宇宙飞船，然后他挤了进去并默默地坐在那儿，看起来有些悲伤。另一个和他一起玩的孩子，问他在干什么？

他说："我假装妈妈死了，我在这个世界上很孤单。"从孩子的这个游戏中可以看到，孩子其实是在利用想象的方式表达着内心深处的焦虑情绪和想法。当家长能够捕捉到这一点时，就可以有针对性地展开沟通，帮助孩子调整情绪和想法。

2. 在游戏中的沟通更自然

案例中的方法二，妈妈就是在游戏中与孩子展开对话，这种感觉自然轻松，又能起到有效的作用。

3. 游戏可以促进孩子学习沟通技巧和方法

游戏中的场景一般是虚拟的，但对话的方法和技巧却可以复制到日常生活中。如果家长把亲子沟通多放在游戏中，就会大大增加对话的频次，孩子练习沟通的机会变多了，学习到的沟通技巧也就增加了。

我们在给孩子们上"表达烦恼"这节课时，就设计了游戏场景：两个同桌因为胳膊过界吵了起来。怎样表达，既能让同桌了解到我的烦恼，又能不激怒他呢？孩子们扮演成两个同桌进行表演，直到找到最让双方接受的语言和态度。这个过程，孩子们在游戏中寻找到正确表达烦恼的方式，总结成句式："我的烦恼是……，我希望……"。

有的家长说，别说在游戏中，生活中我自己也不太会沟通怎么办？不用着急，这本书的第二部分和第三部分我会非常细致地为你拆解，教你学习亲子沟通中"听"和"说"的具体方法。只要家长抱着一颗游戏的心，把书中教你的方法应用在游戏中，孩子和你都能成为沟通高手。

SEL 老师给您的建议

游戏为亲子沟通穿上了一件"糖外衣"，这样有三个好处：一是在游戏中有利于发现沟通的话题；二是在游戏中的沟通更自然；三是游戏可以促进孩子学习沟通技巧和方法。

游戏的形式

我们小时候都玩过游戏，游戏的形式不拘一格、富于创造性。总而言之，孩子只要愿意做的，都可以看作游戏。如果要划分一下类型，本人喜欢把游戏分为"观看式的"和"参与式的"。

观看式的游戏主要是动画片、讲故事等形式，孩子们借助耳朵的聆听和眼睛的观察进行模仿和学习，这是他们学习的绝好机会。足不出户就能打开大千世界的窗户，体验着不同人的喜怒哀乐，学习着丰富多彩的交流方式。他们甚至还会一边观看一边模仿，扮演角色，自言自语。其实，观看式的游戏对孩子来说是最安全的。孩子渴望学习，但也担心不能在真实群体中适应。在没有做好进入群体的准备之前，孩子比较喜欢观看式的游戏方式。

即使在真实的群体游戏中，也有一些孩子选择用观看的方式参与游戏。尤其是初来乍到一个陌生的群体，孩子会产生天然的恐惧感，他们会比较远的站在群体之外，用眼睛盯着群体中的每个小朋友，看他们在说什么，又做了些什么；哪个小朋友是比较厉害的，哪个比较好说话；他们在玩什么游戏，规则是什么；他们遇到了什么困难，如果是我能不能应对得了……这一系列问题都是孩子在观察中摸索的。一旦摸索清楚，心里有了底，下一步，他们就会放心地加入群体当中。

孩子一旦进入群体，游戏就变成了参与式的游戏。在真实的游戏中，孩子们把通过观看模仿学习到的方法拿出来体验和练习。如果你仔细观察他们的游戏，就能发现很多有趣的现象。一个喜欢哆啦 A 梦的小朋友，他在大家遇到困难时，假装从兜里掏出一个宝贝说："任意门。"喜欢奥特曼的孩子会大声呼喊："我是奥特曼！"爱玩电子游戏"我的世界"的孩子，他更倾向于建造一个自己熟悉的"世界"，有的像自己的家，有的则是从故事中听来的奇奇怪怪的东西。

　　参与式游戏可以是真实场景的，也可以是虚拟世界的，但只要孩子参与其中，成为其中一个角色，就能获得更多触觉、味觉和感觉的体验。这些体验有的与观看学习到的一致，有的则完全不同。由此，孩子慢慢发现，看到了还不够，还要亲身去体验，只有真实感觉到，才更值得相信。

　　一个6岁的孩子喜欢旅行，每次旅行前，妈妈都会跟她一起做攻略，把沿途到的地方，通过下载视频和看书提前了解。可是多次经验告诉孩子，观看式的旅行和参与式的旅行是很不同的，带着提前准备好的信息，再加上身临其境的感受，才是最完美的旅行。

　　参与式游戏，特别是群体游戏，有一个风险就是容易发生冲突和困难。这会让孩子们的游戏暂停下来，心情也受到影响。这是好事还是坏事呢？在第一章中我们专门讲了"冲突"，其实冲突才是沟通的起跑线，发生冲突对孩子探索更多沟通方法有着积极的作用。所以，只要不涉及人身安全和人格侮辱的冲突，家长应该积极看待冲突的发生。孩子们在游戏中遇到冲突，但他们又渴望继续游戏，就会开动脑筋想办法，调动曾经学习和体验到的所有沟通方式，尝试与同伴进行交涉。

　　我曾经观察一群孩子玩耍，讨论"要玩什么"的时候发生了意见分歧。有人说玩追人，有人说玩沙子，眼看争吵不休、情绪爆棚。可是，当大家再坚持一下、继续等待，群体中就会出现"调解员"来主持公道："你们这么吵，咱们都玩不成了。要不你们石头剪刀布吧！"生气的一方马上停止了争吵，同意这个主意。另一方还有点气不过，安静了短暂的一分钟，他也答应了。不过为了下个台阶，说："三局两胜，不许反悔！"游戏得以继续进行……

　　这个场景一直留在我的脑海中，印象深刻。孩子们在这次游戏中，不仅相互化解了冲突，还综合运用了多种沟通技巧：表达情绪、提出异议、表达拒绝、僵持不下、第三方调解等，这些都不是父母能够教给他们的，必须经过身临其境地参与和体验才能学习到。

> **SEL 老师给您的建议**
>
> 　　孩子的游戏形式可以分为观看式和参与式的。他们在观看式的游戏中，利用视觉和听觉进行学习和模仿；在参与式的游戏中，身临其境地体验和练习。

如何利用游戏进行沟通

　　美国临床心理学家劳伦斯·科恩博士，他长期致力于研究儿童游戏和游戏治疗，撰写了《游戏力》这本畅销书，还将其创建为一门家庭育儿课程，近几年在中国广为传播（见知识窗）。我认为"游戏力"的用词特别好。对于家长来说，和孩子做游戏真的是一门学问、一种能力。在与家长相处的过程中，我发现有些家长天生会和孩子玩耍，但却有更多家长苦于知道但做不到。他们不仅不知道怎么与孩子深入游戏之中，更找不到可以沟通的切入点，玩着玩着就变成了简单的说教，游戏便不欢而散。

　　这其中的原因有很多，主要有三点：第一，很多父母小时候没有充分体验过游戏的快乐，被管教长大的父母很难和孩子游戏其中；第二，游戏需要创造力，父母被长期教化，创造力远远弱于孩子；第三，父母缺少孩子心理发展的知识，对游戏的意义和价值没有足够

● 知识窗 ●

《游戏力》这本书中认为，游戏是孩子的语言。用他的语言跟他交流，才能真正听见他的心声、看见他的情绪、了解他的需求，实现轻松、有效、融洽的养育。游戏力是最容易走进孩子世界的养育方式。

游戏力最大的价值体现在三个方面：

第一，建立良好的亲子关系联结，为亲子情感账户存款是最有效的方式；

第二，孩子在现实中遭遇的情绪挫折，可以在游戏中任意释放、调节及疗愈，获得情绪复原力和掌控感；

第三，增强孩子的自信，在游戏中练习对抗现实挫折的能力，收获"我能行"的力量感和自信心，增强自我效能感。

的认知，在他们眼里，游戏远没有学习重要。

基于以上的原因，结合中国家长普遍不会跟孩子做游戏的现状，提出几个原则，供大家参考。

1. 游戏对于孩子的成长来说，就像鱼儿在水中汲取氧气

我们虽然不是专业的儿童心理专家，但也要清楚地知道，孩子自然选择的每个游戏都是他内在的需要。为什么男孩子喜欢玩打仗，女孩子喜欢玩过家家的游戏？因为这和他们未来在社会中的角色息息相关。孩子们在用游戏的方式有针对性地练习。为什么大多数孩子更喜欢玩土、沙子？请尊重和相信孩子的选择，因为他们的理智脑尚未发育成熟，他们的内在心理状态更接近于动物属性，所以本能地趋向于大自然的环境。这些自然环境给他的滋养，远远大于乐高、拼图对理智脑发育的作用。

如果父母不知道孩子玩什么游戏对他有好处，那么就尊重和相信他们自然的选择。他们想玩什么就玩什么，家长做好安全保护和后勤保障工作即可。

2. 用观察代替评价和干预

游戏本身就是孩子学习和解决现实问题的练习场。他们在游戏中遇到的各种问题，大多数能通过游戏找到解决的办法，只是需要足够的时间和空间。在我所看到的亲子陪伴中，常常听到父母说：“这个游戏不好，咱们不玩！”“这个孩子不讲礼貌，咱们去找别的小朋友玩！”“你去跟他们说呀？要不妈妈帮你去说。”“这孩子怎么这么笨，别人抢你的东西，你怎么不抢回来呢？”“每天都看电视，有什么好看的，都是弱智动画片！”这些语言中明显流露出父母的评价和想要参与决定的欲望，却忘记了，这是孩子自己的游戏，他们在游戏中做出的任何尝试都是在学习和积累经验。

所以奉劝家长，孩子在玩游戏时，请你专心地去观察他们的语言和行为。即使心里着急难耐，也先忍住。尝试放下评价，带着好奇之心再往下看，看看会发生什么。也可以边观察边思考：孩子为什么要这么说？这么做？他说这句话时，情绪是怎样的？他想传递什么想法？他为什么选择用这样的方法解决问题？他的这种方法成功了吗？如果失败了，他还会做什么？除非孩子

主动求助或者关乎生命和人格，家长就尽可能处在旁观者的视角，不要打扰孩子的游戏。

3. 带着"万事皆游戏"的心陪伴孩子

游戏绝对不局限于专门的场合、固定的形式。游戏是一种意识，是一种生活状态，形式可以不拘一格，内容可以丰富多彩，只要带着游戏的心，生活中的点滴都是一场精彩的游戏。如果家长不会创造什么好玩的游戏，那么就带着游戏的心陪伴孩子就好了。

给孩子读个故事，邀请孩子一起做饭，写作业的时候玩个"僵尸大战"游戏，把作业各个击破。在家里可以玩，走在路上也可以玩；高兴的时候可以玩，不高兴的时候也能玩。

小墨早上不想起床、不想上学。妈妈平时叫他起床很吃力，弄不好两人都乱发一通脾气。后来，妈妈转变了心态，用游戏的心叫他起床。当孩子说不想起床时，妈妈跟着重复"我不想起床""我不想起床"，边说边耍赖，摇晃着小墨。然后两人一起说着"我不想起床"的歌谣起床了，走在上学路上，还高兴地唱了一路。

这就是一个用游戏的心生活的例子。我也是个比较随性的人，不愿意把生活中的事都上纲上线。我时常在家会发点神经，搞点破坏，跟儿子撒个娇、耍个赖。我总觉得一家人就是在玩过家家，有趣比正经更重要。当然这是我的个人特质，不需要大家都来效仿。这里想说的是，游戏每个人都需要，生活需要游戏来调剂。这一点，父母要多向孩子们学习，带着"万事皆游戏"的心陪伴他们，一定能看到更多不一样的风景。

SEL 老师给您的建议

不会和孩子做游戏也不用怕，注意三个原则即可：第一，尊重和相信孩子的选择；第二，用观察代替评价和干预；第三，带着"万事皆游戏"的心陪伴孩子。

孩子可以学到的 SEL 技能

　　游戏是一种心态，带着"游戏的心"长大的孩子，未来也会是一个有趣的人。他们能从游戏的视角看待生活中的问题和困难，也有能力在游戏中寻找解决之道。换言之，这样的孩子社会适应力更强，会玩的孩子更会生活。

　　在游戏中，孩子能充分打开五感器官：视觉、听觉、嗅觉、味觉和感觉，这是孩子认识世界的信息采集通道。他们通过这些通道，对世界和万物了解更多，体会更深，体验更加丰富。

　　善于游戏的孩子自我修复的能力更强，他们在情绪低落时，有能力借助游戏的方式觉察和疗愈自己。因此，他们更热爱生活，更有积极的内心动力。

SEL大技能：

　　1. 孩子拥有"游戏的心"，未来也是会生活、善于解决问题的人。

　　2. 游戏让孩子的信息通道畅通，了解和体验世界更加丰富。

　　3. 善于游戏的孩子自我修复能力更强。

从"知道"到"做到"，你还需要多多练习哦！

请你记录一次和孩子玩游戏的经历，你观察到的细节有哪些？记录下来，越细致越好。

游戏案例记录：

_____

_____

_____

_____

_____

_____

_____

_____

_____

对于观察到的游戏细节，你有什么发现和思考？

发现和思考：

_____

_____

_____

_____

_____

_____

_____

_____

敲黑板：

游戏是沟通的"糖外衣"

1. 游戏为亲子沟通穿上了一件"糖外衣"，这样有三个好处：一是在游戏中有利于发现沟通的话题；二是在游戏中的沟通更自然；三是游戏可以促进孩子学习沟通技巧和方法。

2. 孩子的游戏形式分为观看式和参与式。他们在观看式的游戏中，利用视觉和听觉进行学习和模仿；在参与式的游戏中，身临其境地体验和练习。

3. 不会和孩子做游戏也不用怕，注意三个原则即可：第一，尊重和相信孩子的选择；第二，用观察代替评价和干预；第三，带着"万事皆游戏"的心陪伴孩子。

恭喜你完成了"游戏"的学习，亮起了第 6 盏灯。当你点亮全部 7 盏灯时，就已经做好和孩子沟通的心理准备了！

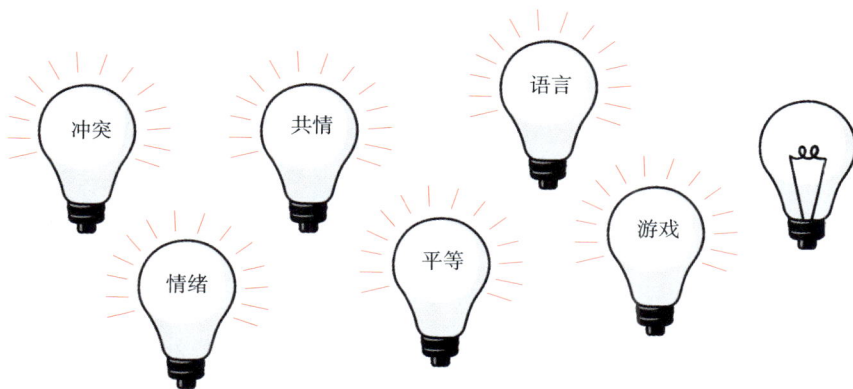

Chapter 7

共赢——沟通的"目的地"

孩子：妈妈，今天我要穿你给我买的新棉衣。

妈妈：今天这么热，怎么能穿棉衣呢？

孩子：不嘛，我就要穿。外面不热，太阳被云彩遮着呢！

妈妈：妈妈给你讲啊，今天是 20 度，穿棉衣是要出汗的，而且你穿上棉衣，别人也会笑话你呀！

孩子：我就想穿，我都跟同学说好了！

妈妈：你这孩子，真不听话，不听老人言，吃亏在眼前，穿上热我可是不管你。

孩子：我不热，肯定不热！你看，我头上一点汗都没有……

妈妈：不信你就试试，看看谁说的对。

当我听到这段对话时，有一种感觉：母子俩仿佛不是在解决穿什么衣服的问题，而是在各自争夺穿衣服的决定权，证明谁的想法是正确的。双方在向不同的两个方向用力，目标各不相同，根本无法达成共识。这样，对话实际成了一场"竞争"，结果也只能有一个赢家。

再回到沟通这个词上。第一章讲过，沟通的本义是让不通畅的两条沟渠疏通，汇流成一条河。很明显，上面的对话不是沟通。只有让双方的想法达成共识，统一在一个目标上，才是沟通。这种共识称为"共赢"。真正的沟通要通往的"目的地"一定是共赢。如果不是，则不是沟通，至少不是有效的沟通。

在亲子沟通中，如何理解共赢？如何达成共赢？接下来我们与大家深入地讨论一下。

带着共赢的期待协商

上面对话中，孩子和妈妈的目标各不相同，孩子想要给同学展示新棉衣，妈妈则担心天气太热，孩子会被捂生病。两个人的想法都没有错，但问题在于，他们看似是在协商，实际上都期待对方放弃目标，认同自己的想法，都想证明自己的想法是对的，对方的想法是错的。这样，这次对话就成了一场竞赛，"我"和"你"变成了对立的双方，问题的解决方案成为竞赛的奖品。这就造成了关系的错位，从而产生矛盾、激发情绪、据理力争、互不相让（图 7–1）。不管最终的结果是什么，这次对话都会成为破坏亲子关系的导火索。如果是妈妈赢了，孩子暗暗委屈、心生不服；如果孩子赢了，双方势必会经历一场情绪斗争，搞得不可收拾。

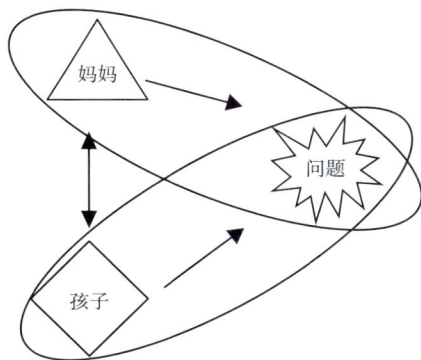
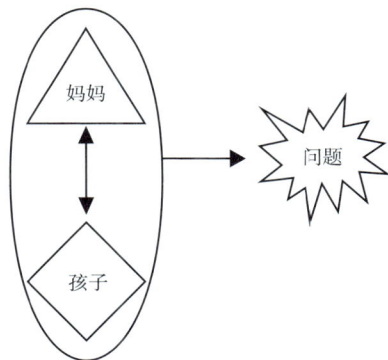

图7–1　　　　　　　　　　　　　　图7–2

那怎么调整这种错位的关系呢？很简单，母子站在一起，共同面对问题（图 7–2）。妈妈和孩子是盟友，此时此刻，他们共同的问题是穿什么衣服。能不能通过协商和沟通，找到一个解决方案，既能满足孩子"给同学展示"的需要，又能让孩子不至于因为太热而生病？相信一定会有的。

我们来做一个练习，就用这个事例，妈妈不妨带着共赢的期待跟孩子讨论一下，你们能想到哪些解决方案？记录下来。

方案一：＿＿＿＿＿＿＿＿＿＿＿＿＿＿＿＿＿＿＿＿＿＿＿＿＿＿

方案二：＿＿＿＿＿＿＿＿＿＿＿＿＿＿＿＿＿＿＿＿＿＿＿＿＿＿

方案三：＿＿＿＿＿＿＿＿＿＿＿＿＿＿＿＿＿＿＿＿＿＿＿＿＿＿

有人问我，你有没有推荐的方案？可能要让你失望了。在这次沟通中，你和孩子是主体，问题是你们两个人的问题，不是我的问题，我没有标准答案推荐。只要你和孩子都能接受的方案，就是"正确答案"。因此，带着共赢的期待去协商，是为沟通双方负责的行为。

也有家长会困惑，有时候，家长和孩子的意见是完全相反的，实在没有办法找到一个共赢的方案，怎么办？的确，如果在条件有限的情况下，一定要选择一个标准答案的话，就势必造成一个人赢，而另一个人输。这种"赢"的结果，是显性的、表面的。如果只关注表面的"赢"，在自己的意见不被采纳时，就会有"输"的挫败感。

那么问题来了，难道"赢"只有外在的结果吗？在双方协商的过程中，还能"赢"得什么？假如在上面的案例中，妈妈无法与孩子达成共识，找到共赢的解决方案。最终，妈妈同意孩子穿着棉衣去上学。在这个结果中，妈妈看似是"输"了，但她有赢得什么吗？妈妈有可能获得孩子的信任。孩子从妈妈的妥协中感受到妈妈的理解和爱，也感受到自己的力量。如果他穿着棉衣去学校，真的被热坏了，他也一定会放下和妈妈的对抗，理解妈妈的想法是有道理的，更加信任妈妈的建议和意见。带着这份信任，未来的亲子沟通会更加顺畅。

如果妈妈看到显性的"输"背后隐性的"赢"，是什么感受呢？你更想要的是和孩子争个一时输赢，还是与孩子达成长久的合作联盟？

万事万物都具有两面性，到底是"输"还是"赢"，没有客观的评价标准，而在于每个人如何解读。"赢"的意义不仅仅停留在结果上，亲子间的爱、好的关系、理解、快乐、信任等，都是"赢"更深层次的意义所在。如果我们可以看到更多隐性的"赢",就不会那么在乎结果的"赢"。如果不那么在乎结果的"赢",也就更容易站在双方的视角下协商共赢。

SEL 老师给您的建议

　　带着共赢的期待协商，才是真正的沟通。家长和孩子站在一起面对问题，才能找到双方都能接受的解决方案。在沟通的过程中，除了"赢"的显性的结果，亲子间的爱、好的关系、理解、快乐、信任等，是"赢"更深层次的意义所在。

如何协商共赢

　　说起来容易做起来难。要想带着共赢的期待和孩子协商，首先要清楚双方的利益点到底在哪里。父母带着大宝和二宝出门去玩，两个孩子都想坐手推车，争执不休。此时，父母要先了解两个孩子都想坐手推车的目的是什么。你可以分别问问他们"为什么要坐手推车"，听听他们说什么。二宝 4 岁，他说："平时都是我坐手推车，我跑不快，追不上姐姐。"大宝 8 岁，她说："凭什么只有弟弟坐手推车，我也要坐。"

　　从孩子的回答中，能发现他们各自的目的吗？是的，他们的目的明显不同。二宝担心走路跟不上，而姐姐觉得只有弟弟能享受爸爸妈妈推车的待遇，不公平。理解了这些，就不难找到共赢的解决方案了。弟弟坐手推车跑得快些，姐姐坐在爸爸的肩膀上一会儿、感受被爸爸妈妈关注的幸福感。

　　这是一个真实的故事，我 SEL 课上的学生正是姐姐。当她告诉我这个共赢的方案时，头微微抬起，一副自豪的样子。我能感受到，姐姐不仅找到了自己满意的方案，还在与弟弟共赢的过程中，感受到父母的爱和拥有弟弟的幸福感。试想，如果父母没有理解姐弟俩不同的利益点，简单地以为他们就是在争夺手推车，结果就很容易陷入"你输我赢"的死循环中。沟通势必不会达成共赢，而最终的结果，父母要么做个"判官"宣判结果，要么用和稀泥的态度避开问题。

万事可商量，是因为每个人都有对这件事的期待，也有无法承受的底线。期待是最优解决方案，是上线；最低可接受的范围，是底线。沟通则是在双方的上下线区间展开，方能找到共赢的方案。要想达到真正的共赢，在与孩子的沟通中，家长要做好评估，明确自己和孩子的上下线是什么，才能掌控沟通的节奏和结果。

例如：孩子打游戏的事情。一位妈妈只同意孩子每天打 15 分钟游戏，而孩子呢，15 分钟连一局也打不完，他的期待是每天至少打一个小时。这对母子每天都因为 15 分钟超过了，孩子还是不放下手机的事展开斗争。其问题是，他们都只关注自己的上线，却没有相互探索和评估底线，绝对不给对方可沟通的区间，结果就只能变成"你输我赢"。

怎么办呢？父母首先要问问自己："如果 15 分钟是我最期待的时间，我最能接受的底线又是多长时间？我还能不能给孩子留出一个可协商的空间？"经过评估，如果父母觉得还可以让出半个小时，也就是最多允许孩子玩 45 分钟。那么好，共赢的可能性就有了。然后父母也问问孩子："一个小时是你期待的游戏时间，那么最少呢？多长时间就可以了？"如果孩子也让出半个小时时间，就有了 15 分钟双方都能接受的空间。父母可以说："我最多能接受 45 分钟，你最少可以玩半小时。那么我们取个中间值，40 分钟怎么样？"这个方案高出孩子的底线，他会感到有赚，而也并未超出父母的底线。这个结果就是共赢，还可能让孩子感到很开心和感激。

当然，父母的容纳程度和孩子的需求不是一成不变的。这个结果可能只是现阶段的共赢，未来还会因人、因地、因时而不断变化。家长要和孩子不断进行这样的沟通，让共赢成为一种动态变化的过程。

最后，还要提醒各位父母，共赢不等于条件交换。有的家长认为你答应我一个条件，我也答应你一个条件，两人分别达成了自己的愿望，就是共赢。

例如：如果你今天游戏 15 分钟准时结束，我就给你买个好玩具。这个做法是功利性的，是不可取的。它的问题在于，孩子不是本着与父母合作的心，统一目标、互相理解，而是为了达成自己的目标，暂且妥协和忍耐；一旦既定目标没有实现，就会感到万分的委屈和不公平。久而久之，孩子也会形成条件交换的思维方式，一切努力都要讲条件。

SEL 老师给您的建议

和孩子协商共赢，需要注意三点：第一，清楚双方的利益点到底在哪里；第二，沟通时对自己和孩子的上线和底线做好评估，在可接受的区间进行协商；第三，共赢不等于条件交换，不是为了达到自己目标暂时的妥协和让步。

孩子可以学到的 SEL 技能

带着共赢的期待协商，这是孩子学习到最重要的社会与情绪技能，也是未来与人交往的核心和底层基础。人的特性是群居，一切竞争最终将走向合作。如果父母能通过沟通把孩子带往合作共赢的"目的地"，他们的心智将更为成熟，处理问题更为灵活妥善，解决办法也更为丰富有效。

带着共赢的期待协商，让很多问题成为亲子连接的机会。这让我想到有些电视剧中，两个相互信任的朋友，背靠背迎敌的画面。亲子连接的连接感、安全感和幸福感，只有在问题得以解决后才能感受得到。孩子从父母身上感受到了理解、信任和相互理解，那是何等的美好！

带着共赢的期待协商，也让孩子在同伴群体中发挥作用。这样的孩子能从各方利益的角度考虑，帮助同伴解决矛盾和冲突，公平可靠，容易建立威信，形成领导能力。

SEL大技能：

1. 共赢的思想让孩子心智更为成熟，处理问题更为灵活妥善，解决办法也更为丰富有效。

2. 孩子从父母身上感受到了理解、信任和相互理解，亲子连接感更强。

3. 孩子在群体中发挥领导力，更容易在同伴间建立威信。

从"知道"到"做到",你还需要多多练习哦!

请你记录一次"带着共赢的期待协商"的沟通过程。说说你和孩子的利益点分别在哪里?你们是如何找到双方可沟通的区间的?

共赢案例记录:

_____

_____

_____

_____

_____

_____

这次"带着共赢的期待协商"给你带来的思考是什么?你收获到了什么?

反思和成长:

_____

_____

_____

_____

_____

_____

敲黑板：

共赢是沟通的"目的地"。

1. 带着共赢的期待协商，才是真正的沟通。家长和孩子站在一起面对问题，才能找到双方都能接受的解决方案。在沟通的过程中，除了"赢"的显性的结果，亲子间的爱、好的关系、理解、快乐、信任等，是"赢"更深层次的意义所在。

2. 和孩子协商共赢，需要注意三点：第一，清楚双方的利益点到底在哪里；第二，沟通时对自己和孩子的上线和底线做好评估，在可接受的区间进行协商；第三，共赢不等于条件交换，不是为了达到自己目标暂时的妥协和让步。

恭喜你完成了"共赢"的学习，亮起了第 7 盏灯。看来你已经做好和孩子沟通的心理准备了，让我们一起开始"听"的学习之旅吧！

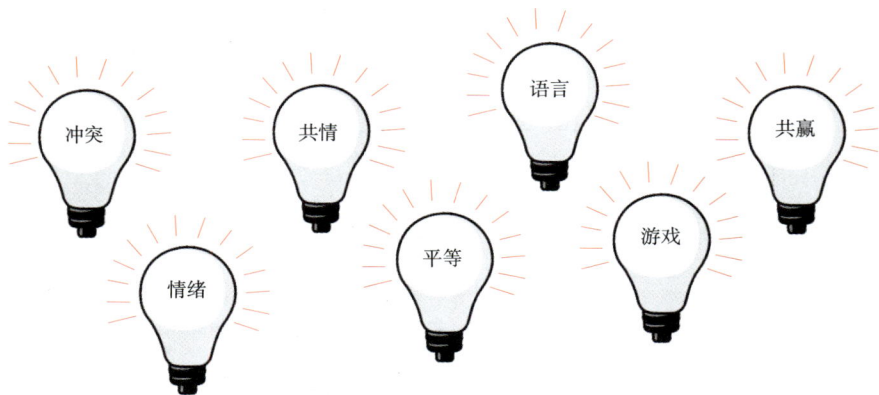

冲突

共情

语言

共赢

情绪

平等

游戏

PART 2

沟通进行时—— 听

Chapter 8

亲子沟通为什么从"听"开始

孩子：妈妈，我有个同学特别会玩游戏，"我的世界"玩得可好了！

妈妈：啊，你说什么？

孩子：他一开局就向下猛挖，挖出好多矿石，到最后，还挖出了钻石。妈妈，你知道不？一开局就能挖出钻石有多厉害嘛！他可以制作很多装备，什么钻石套、钻石剑，还有……

妈妈：哦，知道了。你今天作业写完了吗？这个同学的学习好吗？在你们班排名第几？

孩子：妈妈，你为啥不听我说话？讨厌，我再也不跟你说话了。

妈妈：我怎么没听……

上面这段亲子对话，你感到熟悉吗？这可能是千万家庭中天天都会发生的一幕。往往对话之后的结果是，孩子觉得"妈妈根本没听到我说什么"，妈妈觉得孩子真是越来越难伺候，我在努力地听啊！于是，"听孩子说话"这项看似简单的事也变得难上加难，孩子一肚子的委屈，妈妈一脸的困惑。

是啊，身边有很多人都觉得自己"说"的能力不强，但"听"还是没问题的。但是，耳朵能听见就等于倾听吗？很显然，不是。"听见"是一种生理功能，如果到医院检查听力，医生一定会说"没问题"；而"倾听"是一种心理姿态，由说话人的感受来评断"你是否在听"。

在上面的场景中，家长的确"听到"了孩子说话，但从说话者孩子的角度看，却仿佛被一座高墙阻挡，自己说的话完全没被"倾听"。

满足孩子心理的需求

如果"听"和"说"比较，选一个我认为最重要的亲子沟通技能，我一定选择"听"。别以为沟通就是说话，没有倾听作为基础的语言那只是说话而已，不是"沟通"。如果说话的人说得不舒服，当然会自动停止说话，沟通也就无法发生了。

孩子在家庭中相对处于弱势的位置，爸爸妈妈是他们心中无法撼动的权威。如果自己的感受、想法和建议，哪怕是很多乱七八糟的表达，能够被家长听到，这都会给予他们莫大的鼓励，他们会感到自己的存在感，感到家庭的安全和幸福感，当然也能感受到被爱。换句话说，他们的表达有时只是一种心理的需要，表达的内容不重要，重要的是家长是否以一种倾听的姿态关注他。

带着这份期待，孩子努力地表达着自己。妈妈们一定还能回忆起孩子一岁多咿呀学语的时候，他们哪怕只会说几个词，但只要清醒着，小嘴都会反反复复地念叨着、说个不停。那个时候，他们是在用发出的声音向家长传递讯号，仿佛在说："看我呀！我在这里！"一旦发现妈妈非常认真地关注着他发出的每个声音，还给予微笑，他内心的需要就被深深地满足了，小家伙往往乐得合不拢嘴。

但如果家长总是忙着自己的事，无暇关注孩子的表达，抑或像前面对话中"驴唇不对马嘴"的回应，这就会激发起孩子深深的无能感："原来我这么不值得被妈妈看见，我是个不可爱的孩子。"

家长可能会说，我就是比较忙，孩子怎么不能理解我一下？是的，孩子真的无法理解。他的这一特点是由大脑发育程度决定的。在 6 岁以前，孩子们几乎没有理性思考的能力，但却有一个强大的情绪感应系统，他们不会从现实层面理解妈妈的难处，只会听从情绪的召唤。当自己发出的需求被看见和满足，开心兴奋接踵而来；当想要的关注没有得到，瞬间就会沮丧和无助。这只与感受有关，与现实情况无关。

—— SEL 老师给您的建议 ——

孩子的表达只是在表达被看见、被关注的需要，他需要家长给予倾听的姿态。

全面了解孩子

对于家长来说，倾听还有一个很重要的作用——了解你的孩子。虽然孩子从小被爸爸妈妈养育，但你认为你真的了解他们吗？每天他的小脑袋里到底在想什么？他的下一步行动方案可能是什么？他需要家长给予什么干预和指导？

曾经采访过一对母女，我单独问妈妈："你觉得你了解女儿吗？"妈妈自信地回答道："当然了解了，她长到这么大，一天都没有离开过我。她眼睛一转，我就知道她要干什么。"我又单独问 10 岁的女儿："你觉得妈妈了解你吗？"女儿也略带骄傲地说："我妈根本不了解我，好多事儿我不想让她知道，她根本知道不了。"

这段有趣的采访让我思考了很久，家长千万不要自恋地认为你看见的就是孩子的全部，如果孩子不愿意告诉你，你不知道的要比你看见的多得多，他们可以把不想让你知道的统统藏在脑袋里。

因此，要想了解孩子就必须沟通，而沟通的前提就是倾听。在孩子还很愿意表达的时候，你用倾听收集大量有关他们的信息，收集的信息越多，对孩子的了解也就越全面。孩子的信息包含很多内容，如情绪信息、想法信息以及孩子脑子里储存的一切。在后面的内容中会逐一详细讲解，如何听懂孩子传递出的各种信息。

例如：案例对话中的孩子，讲的是他与同学之间讨论的内容，家长可以了解到现在孩子关注的话题；他还传递出对同学的羡慕和佩服，家长可以了解到孩子的情绪；孩子可能还在传递自己也想玩的期待……但可惜的是，看起来，这些信息妈妈似乎都没有接收到。本来家长还有机会再多了解一些，比如：你们一般都是在什么时候聊天？他玩得这么好，你怎么知道的？班上有多少同学都会玩"我的世界"？而对话中妈妈的回应中断了孩子的表达，这些重要且详细的信息也就无从得知了。

说到这里，我们不得不问，为什么家长明明听到了孩子的话，却让很多信息溜掉了呢？

其实，人类大脑思考的速度远远快于语言的速度。当孩子说话的时候，家长的大脑已经在飞速运转了。孩子也许还在说 A，家长就已经想到 BCD 了，这个过程就是"走神"。在倾听孩子的过程中，家长会走神很多次，又无数次地把自己拉回来。于是，孩子表达的信息就像虚线一样存留在家长的大脑中，很多信息被完美的错过了。

大脑还有一个很棒的功能，就是它能够把倾听到的零散的虚线信息，再拼接起来，形成完整的信息链条。于是，大脑成功的骗过了自己，家长自以为听到了孩子表达的全部。这也就解释了为什么上面的对话中，孩子觉得妈妈没有听到自己说话，而家长却感到被冤枉了。

而且，每个人的拼接方式和结果也不相同，一般会以家长自己熟悉的模式拼接起来。就像上面的对话中，孩子表达的信息很有可能被妈妈拼接成：这个打游戏的孩子不好好学习，学习成绩一定不好。这个新的信息，不是孩子传递出来的，而是妈妈根据自己既定的认知拼接起来的。当然，如果换一个家长，可能就完全不是这个意思了。

了解了大脑的这一特点，我们就明白了，要想听全、听准孩子表达的内容，着实不那么容易，所以才有了"倾听"这个词，意思是"向前倾着身体听"。从这个动作就能感受到，倾听需要人为地、有意识地控制自己大脑的运转速度，尽可能地靠近孩子。

把大脑比作一个杯子，这就需要家长在倾听时刻意腾挪出足够的空间，放下自己的固有思维，容纳孩子的信息进入。如果家长的大脑里装满了自己的东西，孩子的信息则会被大量挡在外面，大脑中拼接起来的信息链就会趋向于家长自己想听的，而非孩子想要传递的。

SEL 老师给您的建议

给自己的大脑留白，尽量减少固有内存，有意识地允许孩子的语言进入，让拼接起来的信息链接近孩子想表达的内容。

倾听，说起来容易做起来难

接下来再说说，到底如何做到倾听呢？我们从"听"的繁体字就能找到答案。"聽"，左边是耳朵，右边是眼睛、嘴巴和心。我把这个字演变成一幅图（见图8-1），就更一目了然了。这说明，要想提高听的效率，不仅要把耳朵竖起来，伸展耳郭使劲听，还要睁大眼睛，闭住嘴巴，用一颗心去听。同时，"聽"字右边是"德"的一半，这也说明，倾听不仅仅是一种生理功能，更是一种德行和修养。

图8-1

如果把"听"的含义拆解一下，我总结出了倾听的六个要素，分别为：1. 看着对方的眼睛；2. 找出关键词；3. 体会对方的感受；4. 询问对方的需要；5. 回应；6. 确认对方已说完。其中，"1、5、6"关注的是倾听的外在姿态；"2"关注的是倾听内容的全面性；"3 和 4"关注的是对孩子内在感受和需要的洞察力。如果做一项自我测评，你平时在倾听孩子时，这六项都能打几分呢？

家长倾听自评表

倾听六要素	基本能做到（3分）	一般般（2分）	偶尔能做到（1分）	做不到（0分）
1. 看着对方的眼睛				
2. 找出关键词				
3. 体会对方的感受				
4. 询问对方的需要				
5. 回应				
6. 确认对方已说完				

总分（　　　　）分

这个分值让你反思到什么？如果同样的测试表，请你的孩子给你的倾听打个分，会是什么结果？

孩子给家长的倾听测评表

倾听六要素	基本能做到（3分）	一般般（2分）	偶尔能做到（1分）	做不到（0分）
1. 看着对方的眼睛				
2. 找出关键词				
3. 体会对方的感受				
4. 询问对方的需要				
5. 回应				
6. 确认对方已说完				

总分（　　　　）分

如果你的测评总分与孩子的打分比较一致，那么你是一位反思型的家长，可以真实面对自己在沟通中的问题，虽然还没有找到更好的改进方案，但觉察到问题已经是关键的第一步了。

如果你的测评总分大大高于孩子打出的测评分，请你思考，这是为什么？是不是你的认知还存在着局限，还在用自己的认知模型拼接信息，而忽略了孩子的真实感受?

　　如果你的测评总分远远低于孩子打出的测评分,似乎会感觉到有一些自卑与内疚萦绕在你内心。但过于低估自己的育儿能力,这也会让孩子感到没有信心,毕竟,家长是孩子成长的权威,是灯塔,是方向。倾听过程既不要过于沉浸在自己的想法中,也不要过于担心伤害孩子。大胆去做,有问题敢于面对,寻找方法尝试改进,这是在与孩子的沟通中要保持的态度。

SEL 老师给您的建议

　　家长用"倾听六要素"检视自己的倾听是否做到位,也可以多请孩子给你的倾听打分,以此促进倾听能力的提升。

孩子可以学到的 SEL 技能

被听见的孩子能够体会到一种幸福感。他会把倾听他的人当作知音、知己，不自然地跟你说个没完没了。学校的事、家里的事、自己的事、同学的事、高兴的事、难过的事、成功的事、龌龊的事……说话变成一种体验幸福的过程。

当然，孩子被听见的同时，他也从倾听者那里学会了如何倾听。家长可能还需要通过看书来学习，而孩子从父母那里就学习到了，他能够做出倾听的外部姿态，给对方以尊重；他能感受到对方的情绪和需求，给予适当地回应；他也能尽量给自己的大脑留白，让对方的想法进入……这些 SEL 技能看似不是通过学习而获得，实则是从无数次被倾听中习得的。

所以，家长既是一个倾听者，又是一位 SEL 老师，时时刻刻都是教学场，用你自己的行动影响着孩子的成长。

SEL大技能：

1. 孩子能够感受到来自"被听见"的幸福感。

2. 学习到如何倾听。

从"知道"到"做到"，你还需要多多练习哦！

请你记录一次倾听孩子的过程。觉察一下，当孩子说话的时候，你的大脑中想到的是什么？你是如何拼接这些信息的？

倾听案例记录：

_____

_____

_____

_____

_____

_____

_____

_____

_____

这次倾听给你带来的思考是什么？你收获到了什么？

反思和成长：

_____

_____

_____

_____

_____

_____

_____

_____

敲黑板：

亲子沟通为什么从"听"开始？

1. 孩子的表达只是在表达被看见、被关注的需要，他需要家长给予倾听的姿态。

2. 给自己的大脑留白，尽量减少固有内存，有意识地允许孩子的语言进入，让拼接起来的信息链接近孩子想表达的内容。

3. 家长用"倾听六要素"检视自己的倾听是否做到位，也可以多请孩子给你的倾听打分，以此促进倾听能力的提升。

接下来，你即将要完成 5 个部分的学习，当你走完下面的"倾听地图"时，恭喜你，你就能成为善于倾听的家长了！

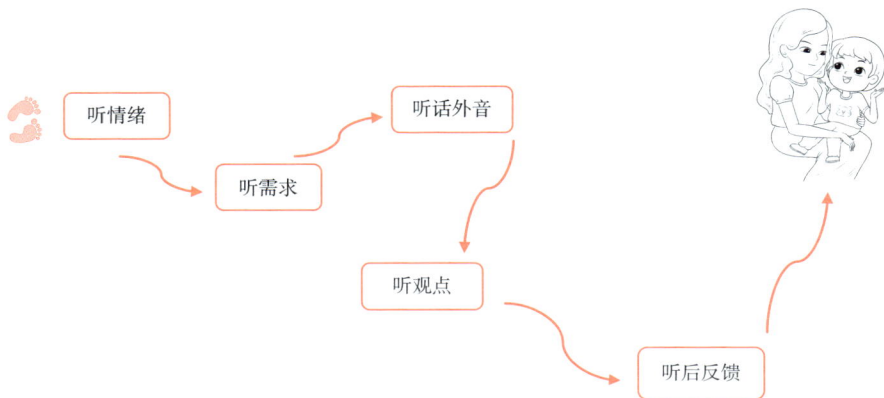

听情绪　→　听需求　→　听话外音　→　听观点　→　听后反馈

Chapter 9

怎么听懂孩子想表达的情绪

又是一个新学年，一年级的"小豆包"们背着书包走进校园。这里和幼儿园哪哪都不一样：老师变多了，像走马灯一样换来换去；同学全都换了，没有一个认识的；教室里的桌子排排坐；下课上课铃声就是命令……哦，对了，还要集体到操场集合，听校长发言，做广播体操，排好队，不许东张西望，不许说话，还不许……

这个场景刚刚进入小学的孩子一定熟悉，但孩子们却处处充满着不适应。孩子上了一天学，父母本想听他们高兴地谈论学校里的点滴趣事，可却常常听到的是"我讨厌学校""我不想上学"等表达。

"怎么能这么说呢？孩子不想上学，莫不是厌学了吗？刚刚上学就厌学了，这可如何是好？以后怎么办？"家长听到孩子的表达，第一反应大多是如此。于是，焦虑和紧张的情绪油然而生，甚至还有些家长开始行动，着急跟孩子上纲上线讲一堆道理，什么"上学能掌握好多知识""你只要努力，老师就会很喜欢你的"等说辞，赶紧把孩子的嘴巴堵住，才感觉到安全了。

但请家长们想一想，孩子嘴里说"我讨厌学校""我不想上学"，难道就真的会落实到行动中去吗？在我观察到的大部分孩子中，第一次说出这些话的孩子，基本上都只是说说而已，他们通过这些话语到底想给家长传递些什么信息呢？家长怎样通过倾听来识别孩子的表达，给予适当的帮助呢？

孩子只是在表达情绪

作为家长心里有个期待，期待孩子时时刻刻都是好心情。正如我们小时候的一首歌唱道：我去上学校，天天不迟到，爱学习，爱劳动，长大要为人民立功劳。家长希望孩子去了学校开开心心，回家写作业愉愉快快，跟小朋友们玩得痛痛快快，遇到困难也是信心满满。当然，这种良好的愿望并没有错，但现实真的如此吗？成人世界都不可能如此，对于孩子来说，他们更是喜怒哀惧等情绪的晴雨表，而且表达的特别及时。就像上面场景中描述的孩子一样，上小学本来高高兴兴，那是因为他以为小学比幼儿园更好玩。但体验了一天，发现被管束的地方更多了，就直接激发了他的负面情绪。生气、无奈、无助等情绪从心里升起，他们急需把这些情绪表达出来，就像清理排污管道一样，堵在心里很难受。那怎么表达出来呢？碍于理智脑发展的不成熟性，孩子们的情绪调控和语言表达能力还很弱，找不到更适合的方式表达。于是，就把那些最极端和难听的话夹杂着洪水般的情绪一股脑的"扔出来"。这样心里就感到特别解气，至于会有什么结果，管他的呢！所以说，孩子冒出来的这些狠话，其实就是在表达情绪，他们根本没有想到行动的层面。如果家长此时不从情绪的角度倾听孩子的这些表达，误把这些话当作孩子下一步的行动计划，反而会火上浇油。

想象一位妈妈听到孩子的话，不淡定了，带着紧张和担心的情绪否定孩子的感受："你不上学干什么，将来捡垃圾去呀！更何况那是老师，你没有资格生老师的气。本来就是你的错，谁让你早上不早起，上学迟到了呢！被老师批评也是活该！看你下次还敢不敢！"

这话一说出来，如果你是孩子，是否感受到妈妈对自己情绪满满的不允许？你的心里可能会想："我就是说说，妈妈怎么这么不理解我？"瞬间情绪升级，越想越气，但又有什么办法呢？出于自我保护，孩子可能收回那些真实的情感，装成没事的样子。此时，看起来风平浪静，但实则明浪变成了暗流，压抑的情绪越积越多，在孩子内心深处涌动，一旦有点火索，就会爆发，而且越发猛烈。当然，也有胆大的爆发力更强的孩子，不被家长理解的无力感会让他怒上加怒："凭什么不让我说！我就是讨厌上学！"一场亲子战争就此打响。这里不仅仅有上学带来的负面情绪，更是累加了不被家长理解后的委屈和无助，上学也真的背上了这个"黑锅"。当然，孩子那一刻的情绪爆发不会思虑得如此深刻和清晰，他们就这样被情绪洪水裹挟着，无法控制。

> **SEL 老师给您的建议**
>
> 不要把孩子的"狠话"当真，他们只是在表达情绪。

非语言信息更值得关注

在之前讲到共情时说到，非语言信息是共情的基础，而语言又是沟通的工具。当孩子向家长表达时，他们往往是语言信息与非语言信息同时表达。前面场景中的孩子嘴上说的话是：我讨厌学校，我不喜欢上学，同时一定还伴随着表情、动作。例如：有的孩子握着拳头跺着脚说，有的孩子低着头小声嘟囔着，有的孩子还会大哭、止不住地流眼泪。很显然，相同的一句话，孩子用不同的非语言信息表达出来，传递的是不同的内在情绪。所以说，家长不要把孩子说什么话都当回事，但一定要关注他们的非语言信息，这样才能更加准确地识别出孩子语言背后想表达的真实情绪。

我们不妨练习一下，家长可以体会一下，当你听到孩子说这句话时，又看到他们的不同表情和动作，你能听得出他们想表达的情绪是什么吗？

1.握着拳头跺着脚说："我讨厌学校，我不喜欢上学。"

孩子可能的情绪是（　　　　　　）

2. 低着头小声嘟囔着说："我讨厌学校，我不喜欢上学。"

孩子可能的情绪是（　　　　　）

3. 大哭，一边止不住地流眼泪一边说："我讨厌学校，我不喜欢上学。"

孩子可能的情绪是（　　　　　）

怎么样？你听到这三个孩子的情绪一样吗？是的，一定是不同的。第一个孩子传递的是愤怒的情绪，有可能是上学让他感到被束缚，侵犯了他自由玩耍的权利；第二个孩子传递的是心烦或无聊，他可能感到学校的生活不像自己想象的那么有趣，有种失望的感受；第三个孩子可能在学校感觉到受了委屈。

还有的孩子说出来的话和表达出来的非语言信息是矛盾的。例如：有的孩子回到家，家长问："今天上学开心吗？"孩子垂头丧气小声地说："挺开心的。"这时，家长更应该关注孩子的是什么呢？有的家长听到孩子说"开心"就以为没事了，却没有察觉到孩子的表情动作。这样的风险是孩子会为了讨好家长说出一些违心的话，不敢将真实的情绪表达出来，时间长了，积累的负面情绪越多，"决堤"的可能性就越大。

> **SEL 老师给您的建议**
>
> 倾听的时候要更加关注孩子的非语言信息，从表情、动作中察觉孩子真实的情绪。

接纳了才是真的听懂了

有的家长会有疑问：为什么一定要听懂孩子的情绪？直接教育他不就行了吗？给大家举个例子：一个孩子肚子饿得咕咕叫，或者已经困得睁不开眼了，你跟他说："我来给你讲讲今天在学校的问题……你要懂得尊重老师，遵

● 知识窗 ●

马斯洛，美国社会心理学家，人本主义心理学的主要发起者和理论家。他把人的需求分为五个层次，由低级到高级分别为：生理需求、安全需求、社会需求、尊重需求和自我实现需求。

守纪律，关心同学……"你觉得有多少孩子能够听得进去呢？当然没人听得进去。道理很简单，根据马斯洛的五个需求层次理论（见知识窗），孩子的最基本的需求是生存需求。如果一个人的基本温饱都不能满足，其他一切教育都只能是表面工作。如果我们说，你先不要肚子饿和瞌睡，忍着点，这肯定是不可能的。这是一种无意识的生理反应，不受理智和意识的控制。

那么情绪呢？它和饿、困这样的生理反应是一样的，是一种无意识的反应，无法控制。所以当孩子情绪来的时候，家长想做的一切教育都被情绪这种无意识反应挡在门外。如果不先让孩子的情绪得到安慰，后续的教育都只是空谈。这就如同真正的问题被外面一层带刺的情绪外壳包裹着，要想走进孩子的心，探索到更多的想法，找到问题的根源，给予干预和教育，必须要先刺破这层情绪外壳。也就是说，家长别无选择，必须先过情绪这一关。

而倾听到孩子的情绪，给予理解和接纳，才是刺破孩子情绪外壳的唯一方法。当家长听到"我讨厌学校""我不想上学"这些表达时，家长可以想一想自己曾经上学的那些经历，回想一下曾经和孩子同样的感受，不妨在情绪脸谱中找到一个情绪词（见图9-1），描述出孩子的心情。这里传达的是一种理解，也在承认这种情绪产生的合理性，这才能说，你真的听懂了孩子想表达的情绪。

切记，当孩子情绪很激烈时，最不能做的是批评和教育。这不仅无法刺破孩子的情绪外壳，更会加固这层外壳，甚至刀枪不入。倾听，则是有效的解决方案。

给大家讲一个真实的小故事：

7岁的小凡，是个不爱说话的女生。一天放学回来，噘着嘴，一脸的不高兴，妈妈一问，她如猛兽一样咆哮起来："我的朋友小然真讨厌，她拿我的东西，还说我！讨厌死了，我再也不理她了！"那个样子，完全不像平时的温和

图9-1　情绪脸谱图

纤弱，仿佛一只小狮子站在妈妈身旁。妈妈看到小凡这个样子，心里说了一句："这家伙，听起来是真的是生气了！也不知道到底是怎么回事？"可是，正在气头上的小凡怎么可能顺利地说出事情的原委呢？生气的情绪已经阻断了她的思维。妈妈深知，此时她喊出来的未必是真相，但生气的情绪一定是真实的，于是也配合着小凡一起宣泄情绪："就是嘛！真讨厌，她怎么能这么做，让我姑娘如此生气。真是气死了！"妈妈的声音似乎比小凡的声音还大，小凡听到妈妈这么说，心里堵着的那口气瞬间通畅了，"就是，他们特别讨厌！不过，好像也不是小然，是悦悦，不是……反正就是他们！"很明显，小凡已经没有那么生气了，她似乎开始思考，到底是谁惹了她？不过此时，仿佛答案已经不重要了。重要的是，生气的情绪没有了。妈妈听到这里，似乎也明白了什么：其实，小凡生气的情绪可能是其他事情不顺利积累下来的，为了发泄出这些情绪，她找了小然当"替罪羊"。所以，小凡的问题不是"到底谁拿了她东西"，而是"不知哪来的生气宣泄不出去"。一旦情绪被妈妈听到了、接纳了，问题就已经解决了。

SEL 老师给您的建议

倾听孩子的表达，找到孩子的情绪是什么，尝试理解和接纳他的情绪。

孩子可以学到的 SEL 技能

孩子从家长的倾听中认识了自己的情绪，并学会用一个情绪词描述出来。孩子要想控制好自己的情绪，必须先学习"觉察我的情绪是什么"，这是开启孩子自我探索和管理的第一步，是非常重要的社会与情绪技能。

孩子在每一次稀里糊涂地表达过后，如果都能得到家长对他情绪的理解和接纳，并由家长的嘴巴得知自己的情绪，这样他就能把自己的感受和相应的情绪词对应起来。等以后再出现同样的感受，慢慢地就能用语言词汇表达出来了。所以说，看似家长在倾听孩子，实际上孩子获得的不仅仅是感受好起来，他们更能从家长倾听的过程中开始识别自己的情绪，学着把内在感受用准确的语言表达出来。

另外，家长倾听的状态也给孩子做了很好的示范，他们同时学习到了"如何通过倾听了解对方的情绪"。一个倾听者是容易受到欢迎的，一个听得懂别人感受的倾听者更是人际关系的高手。

SEL大技能：

1.学习认识自己的情绪，用一个情绪词描述出来。

2.学习倾听对方的情绪，成为受人欢迎的倾听高手。

GET

从"知道"到"做到",你还需要多多练习哦!

请你记录一个倾听孩子情绪的小案例,具体描述出孩子当时表达的语言和非语言信息,然后尝试体会和理解孩子表达背后的情绪。

倾听案例记录:

_____

_____

_____

_____

_____

_____

_____

_____

这件事给你带来的思考是什么?请你记录下来,这将是一次可复制的成功经验哦!

反思和成长:

_____

_____

_____

_____

_____

_____

_____

敲黑板：

家长怎么听懂孩子要表达的情绪？

1. 不要把孩子的"狠话"当真，他们只是在表达情绪。

2. 倾听的时候要更加关注孩子的非语言信息，从表情、动作中察觉孩子真实的情绪。

3. 倾听孩子的表达，找到孩子的情绪是什么，尝试理解和接纳他的情绪。

恭喜你！完成了"倾听地图"的第一站学习，又向"倾听型父母"迈进了一步！

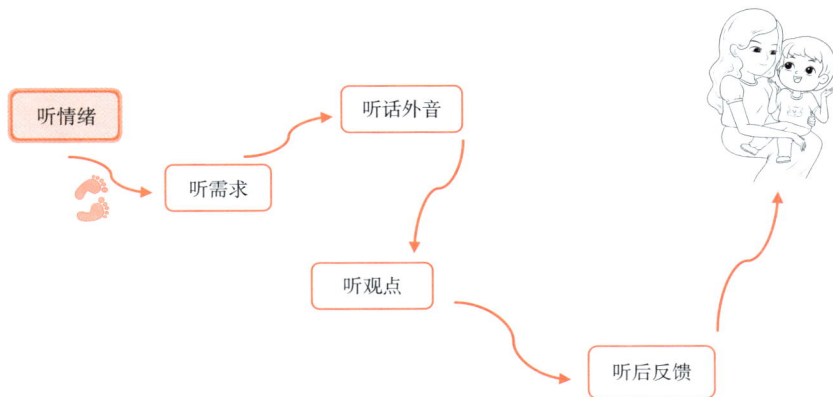

听情绪 → 听话外音

听需求

听观点

听后反馈

Chapter 10

孩子语言背后的需求到底是什么

3 岁的浩浩正在自己穿衣服。他拎起衣服看了看，一只手穿，另一只手闲着，十几分钟过去了，不仅衣服没穿上，嘴里还不停地嗷嗷叫："我不会！妈妈给我穿！"妈妈感到特别无助："这样简单的衣服，他明明是会穿的，曾经很顺利就能穿上，为什么今天就不会穿了呢？"妈妈记得育儿专家说，要鼓励孩子自己的事情自己做，一旦他会做了，父母就不要包办了，这样可以提高他动手能力并增加责任感。可为什么这次无论妈妈怎么鼓励都不管用，反而浩浩还越哭越凶呢。

3 岁的小舟也在自己穿衣服。她和浩浩完全不同，费了半天劲才穿上了一只袖子，可因为穿错了方向，怎么也找不到另一只袖子在哪里。看着她费劲的样子，妈妈真是着急。眼看着就要去上幼儿园，干脆帮一把手吧，可谁知，妈妈刚上手帮忙，小舟就像触电一样大哭起来，一边哭一边叫："妈妈讨厌！我不要你！"然后气急败坏地把衣服脱下来，非要重新穿一遍。妈妈感到特别委屈："她那么小，自己穿衣服多不容易，我也是好心帮一帮她，她怎么就这么大的脾气？真是好心当成驴肝肺。"妈妈也伤心得直掉眼泪。

同一个年龄段的孩子却表现出了完全不同的状态，当你看了这两个案例，是不是心里也暗暗在想：现在的孩子真难伺候，真是深不得、浅不得，打不得、帮不得，也不知道孩子们到底想要什么？真是难懂啊！

到底问题出在哪里呢？很显然，孩子语言背后除了传递生气和愤怒的情绪外，一定还有深层次的内涵。在此，我想请家长朋友跟着我向孩子的内心深处再探一步，看看除了情绪，孩子还在表达着什么。

孩子的语言在表达某种需要

所有生物都有本能的需要，渴了需要喝水，饿了需要吃饭。根据心理学家马斯洛的需要理论（见知识窗），当这些需要产生的时候，生物会做出相应的行为表达自己的需要。人是一种拥有语言系统的高级生物，当产生需要的时候，用语言表达出来是最简单的方法。当孩子肚子饿的时候会指着肚子说："我饿了"；渴的时候对妈妈说："我要喝水"，这看上去很容易。是的，这些需要属于低层次的基本生理需要，它是所有需要中最强烈的、直接威胁生命的。孩子为了保证自己生存下去，一定要学会清晰地表达这种需要。

> **• 知识窗 •**
>
> 心理学家马斯洛认为，比生理需要更高级别的需要包括：安全、友爱、归属、爱、尊重、认可、独立、能力、好奇心、审美、秩序、系统、稳定、自我实现……这些需要越高级越不具体化，不容易表达出来，也更不容易通过外在物质轻易满足。

但矛盾的是，人类作为高等生物，除了基本的生理需求以外，还有很多更高级别的需要。例如：我们需要接收信息、获得理解、感受被爱、审美、拥有能力感等。这些人类特有的需要相较之基本需要显得复杂和模糊，就不那么容易表达出来了。尤其是孩子，他们的理智脑尚未发育完善，语言表达能力太弱，基本需要能够表达清楚就很不简单了，更不要说表达高级需要了。

不会表达不等于没有需要，而且他们对高级需要的渴望还特别强烈。各种高于生存本能的需要不断通过情绪驱使身体做出行为，试图用行动表达自己的需要。

回到前面的案例中，3岁的浩浩为什么明明会穿衣服，但自己就是不穿呢？很显然，孩子不是在为穿衣服而愤怒。我们再看一下细节，案例中的妈妈听了育儿专家的话，让孩子自己的事情自己做。不难推测，平时穿衣服的事妈妈给予的帮助应该是比较少的，这也许就让孩子产生了一个错误的理解：妈妈不管我了，或者妈妈不爱我了。这个理解导致孩子产生了爱的需要，他需要用穿衣服这件事证明妈妈是爱自己的。于是，他大喊："我不会！妈妈给我穿！"看起来，只有自己不会穿衣服，才能回到被妈妈关注和爱的世界。

所以说，这个案例中的妈妈的关注点在"科学育儿"上，却忽略了孩子真正需要的是什么。她想的都是如何培养孩子的能力，却无法听懂孩子内心的呼唤——"妈妈，我需要你的爱！"

3 岁的小冉呢？她不要妈妈的帮助，又是在试图满足什么需要呢？你不妨自己分析一下。

这个案例中，3 岁的小冉期待满足自己能力的需要，她想要通过穿衣服来证明自己是有能力的。所以，当妈妈想要帮助小冉的时候，小冉推开妈妈哭道："我不要你！"这就是在向妈妈传递着"不需要"的需要。很可惜，妈妈因为着急，只考虑了自己的需要，也完全没有听懂小冉的需要。

SEL 老师给您的建议

家长的需要不等于孩子的需要，家长以为的需要也不一定是孩子现在的需要。

家长为什么听不懂孩子的需要

有的家长会很着急：我们非常爱孩子，希望能够听懂他们的需要，可为什么总是感觉跟孩子阴差阳错、驴唇不对马嘴？自己付出了巨大的努力，但却得不到孩子的认可。一位青春期孩子的家长向我哭诉道："我仿佛越来越看不清儿子了，我十分努力地做妈妈，却经常被孩子骂的什么都不是。我到底做错了什么？”

我特别理解这些家长的心情，不仅孩子心里不舒服，家长也是一肚子的委屈。那么为什么家长听不懂孩子的需要呢？我尝试总结了三点原因。

1. 家长年龄与孩子差距太大，已经忘记了曾经自己是个孩子的样子

我想问问家长们，你们记得自己最早的记忆是几岁的事情？你还能回想起当时自己的情绪、想法和内在需求是什么吗？坦白地说，我能记得最清楚的年纪就是青春期，当时和父母互不理解的状态此时还历历在目。因此，当我14岁的儿子跟我说些什么，我就会把记忆退回到自己的青春期，问自己：“如果是那个时候的我，我为什么要说这样的话？我想要的是什么？”当我想明白了，也就能够理解这个站在面前的青春期小孩了。

事实上，我们童年的记忆一般不会太早、太清晰，那是由于理智脑不够发达所决定的。曾经年少的我们，也一定会有一些内在的需求想要表达给父母，但前文也讲过，理智脑的言语表达能力很弱，我们当时也说不清楚、道不明白，而且理智脑的不发达还会让我们很容易忘记曾经发生的事情。虽然很多感受留在了情绪脑中，但理智脑却基本没有留下什么痕迹。这样就导致家长总是用成人后的想法去理解那个并未成年的孩子，也就出现了总是与孩子“驴唇不对马嘴”的感觉。

常常听到家长朋友说：“这孩子写作业，简单的5+8都不会算，教了好几遍都不会，真笨。”我想问的是：简单是谁的知识和能力基础下的定义？家长在小学一年级的时候，也会认为简单吗？还有的爸爸很烦儿子哭：“男子汉大丈夫，这么点小事有什么好哭的？你要坚强！”我想说：哪个孩子年幼的时候不是需要爸爸妈妈保护的小宝贝？哭只是在寻求呵护而已，是不分男孩女孩的。男子汉大丈夫这种称呼，似乎只有用在成人身上才更准确。

前面两个3岁孩子穿衣服的案例，也正是反映了这一点，两位妈妈都忘记了自己3岁刚开始学习生活技能的样子。那个年龄，有时特别希望自己是个超人，什么都能自己做；有时则希望自己就是妈妈怀里的小婴儿。妈妈从成人的视角看待孩子的行为，用自己的需要要求孩子，这正是双方无法理解

和沟通的原因。

2. 家长和孩子成长的环境截然不同，孩子的需要层次更高

还有的家长说，虽然不记得自己小时候具体的事件了，但我们长大好像没有让父母这么费劲啊！父母一瞪眼，我们就乖乖地听话了。怎么现在的孩子又要尊重，又要自由，还想要很多我们不会给的东西。

前面提到马斯洛的需要理论，他认为，人的需要是由低级向高级逐渐产生的。当低级需要（如温饱的需要、生理的需要、安全的需要等）被满足后，更高的需要就会占据重要位置。需要永不停息，一个需要满足后另一个更高的需要便会产生。

家长小时候之所以没有那么多的需要，这与当时社会物质不够丰富，文明程度也不够发达有关。我们小的时候，物质条件并不充裕，吃饱肚子，能保证基本的安全就是我们最大的需要，而且这些低级需要会以非常强烈的形式展现出来，占据内心世界。这样比较起来，尊重、自由、爱这些高级需要就显得不那么重要了，甚至都不会产生。所以家长一瞪眼，我们就不敢造次了。那是因为我们心里会有担心：如果不听话，父母不给吃饭或者把我赶出去怎么办？算了吧，我还是听话一点吧。

而现在的孩子呢？还是一个小婴儿的时候，就是想要什么给什么。一般家里只有一个或两个孩子，全家 6 个大人全程呵护，所有的资源都极大满足着孩子们的低级需要。这也就促进了更高级别的需求产生，而且占据了孩子们内心的重要位置。有的孩子说："我宁可不吃饭，也要尊重和自由！"这又体现了需要理论的另一个特点：一旦高级需要占据主导位置，纯粹的维持生存也就不那么迫切了，这些低级的需要就越能够长久的推迟。

于是家长说，这太难了。的确，我们这一代人，没有体验过高级需要是什么，更没有被满足过，面对孩子的高级需要，真的感到无力和无助。这也是家长需要继续学习的原因，不能再用我们曾经满足低级需要的招式应对新一代的孩子了。

给大家一个练习题，请用马斯洛的需要理论解释一下，为什么下面的案例中妈妈和孩子之间会产生认知冲突?

　　一个初中生学习不错,但并不十分刻苦。妈妈见状很着急,对孩子说:"你应该刻苦学习,学习改变命运,不好好学习以后没有饭吃!"孩子回应道:"我现在就能吃上饭!为什么一定要刻苦呢?"

　　从这个对话中,你体会到了什么?请你记录下来。

---

3. 家长与孩子沟通时,容易把"需要"与"策略"混淆

　　当我们谈到满足孩子需要的时候,有些家长持反对态度:孩子说需要玩电子游戏,难道也无限制地满足他吗?家长之所以会提出这个问题,其实是把孩子的"需要"和"策略"混淆在一起了。其实,玩电子游戏只是孩子满足自我需要的策略和方法,家长却误认为玩电子游戏本身就是孩子的需要。再往更深的层面想,孩子控制不住地玩电子游戏,真正的需要是什么呢?

　　一个孩子曾经跟我说:"老师,你知道吗?玩游戏打怪的时候,我感觉特别解气,玩过之后心里可舒服了。"他无意识的一句话解决了我的困扰:原来孩子们玩电子游戏是在满足他们宣泄情绪的需要。后来,我认真地研究了孩子们玩的各类电子游戏:"我的世界"把建造世界的权利赋予了孩子,他们可以毫无顾忌地创造自己的世界,满足在现实世界无法获得自主权的需要;"绝地求生"则是满足了孩子释放攻击性的需要,让现实世界中弱小的自己,能够在游戏中感受到强大的能力;孩子一回家想先玩一会儿游戏,可能就是想满足放松的需要;联机网络游戏,可能是在满足独生子女由于孤独而产生的连接的需要。

　　由此可以看到,玩电子游戏背后,是不止一项需求促使孩子们产生的策略。既然是策略,就一定不是唯一的。如果家长能找到孩子内心真正的需求,

就一定能延伸出更多的策略和方法。孩子玩电子游戏这个令家长头疼的问题也就能够解决了。

　　家长如何听懂孩子玩电子游戏背后真正的需要，并针对需要寻找到新的策略呢？以下有一段亲子对话可以参考。

　　妈妈：宝贝，说好玩半个小时游戏，时间已经到了。

　　孩子：妈妈，我还没玩完呢，这些妖怪马上就被我打死了，我再玩一会儿吧！

　　妈妈：你是不是感觉在游戏里打怪特别过瘾？

　　孩子：是，妈妈，你看，这些怪兽全部被我消灭了，一个都不剩。

　　妈妈：妈妈感觉到了，你特别厉害！不过玩游戏时间长了眼睛会受不了，要不我和爸爸当怪兽，咱们继续现实版打怪怎么样？

　　孩子：好啊！妈妈你的能量是 5 级，爸爸是 8 级，小心我来啦……

　　对话中，妈妈从孩子的语言中发现，他享受其中是因为"妖怪马上被我打死了"，这是一种能力感的满足。那么，还有什么办法可以满足孩子的能力需要呢？真人打怪游戏，也是非常有趣的。当然，你也可以围绕需要和孩子讨论协商，一定可以找到让双方都接受的策略和方法。

SEL 老师给您的建议

　　1. 家长倾听孩子表达时可以问自己：如果此时是小时候的我，我的需要是什么？

　　2. 家长要多觉察自己的需要是什么，提升自己需要的层次。

　　3. 鼓励孩子多用语言表达需要，而非用行动策略来表达需要。

孩子可以学到的 SEL 技能

孩子可以在与家长沟通中学习到认识自己的需要，并用言语表达出来。

当家长想要了解孩子内在需要的时候，就会更加仔细捕捉孩子语言和行为中的细节，同时也会提出一些问题探寻孩子的需要。例如：你现在大哭到底想要妈妈做什么？妈妈这样做不对，那样做也不行，那你告诉妈妈，我可以怎样做？你现在不睡觉缠着妈妈讲故事，是担心妈妈离开你吗？这些问题就是在帮助孩子觉察自己的需要、增加自我认识，同时发展他们的语言表达能力，把内心的需要用最简洁清晰的方式表达出来，减少人际沟通的障碍。可以说，这种沟通越早进行，越有助于孩子发展社会情绪能力，孩子未来的人际交往能力也越游刃有余。

SEL 大技能：

学习认识自己的需要，并用言语表达出来。

GET

从"知道"到"做到",你还需要多多练习哦!

以下是一个亲子沟通的案例,请你仔细阅读,说说孩子表达背后的需求是什么?如果你是家长,会如何与孩子交流?

一年级的月月第二天将迎来人生的第一次期末考试。

考前的晚上,月月说自己想泡个热水澡,还想和妈妈一起泡澡聊聊天。妈妈担心睡得晚影响明天考试,拒绝了月月的要求。

月月又让妈妈给自己念个故事,妈妈以同样的理由再次拒绝了月月。

之后,月月还是不睡觉,继续七七八八地跟妈妈说了一堆话,妈妈催促她赶紧睡觉。

月月趴在妈妈的怀里,让妈妈抱着睡觉,就是不让妈妈走,还嘟嘟囔囔地说:"泡个热水澡也没啥……"折腾了好一会儿,月月才睡着了。这时已经是 10 点了……

> **如果我是妈妈:**

_____

_____

_____

_____

这个案例给你带来的思考是什么?请你记录下来,这将是一次可复制的成功经验哦!

> **反思和成长:**

_____

_____

_____

敲黑板：

家长怎么听懂孩子语言背后的需要是什么?

1. 孩子语言背后大多是在表达比温饱需要更高级别的需要。

2. 家长倾听孩子表达时要注意:

（1）可以问自己：如果此时是小时候的我，我的需要是什么?

（2）家长要多觉察自己的需要是什么，提升自己需要的层次。

（3）鼓励孩子多用语言表达需要，而非用行动策略来表达需要。

　　恭喜你! 完成了"倾听地图"的第二站学习，又向"倾听型父母"迈进了一步!

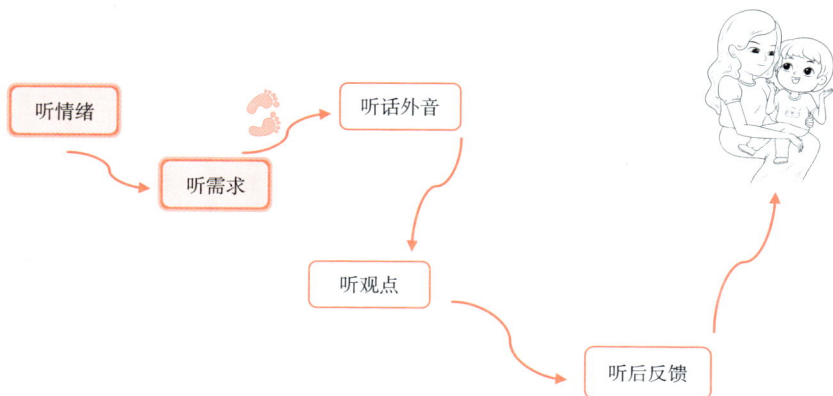

听情绪　　　　　　听话外音

　　听需求

　　　　　　听观点

　　　　　　　　听后反馈

Chapter 11

如何听懂孩子的 "话外音"

俗话说 "听话要听音"，听不懂别人言语背后的真实意思，就会造成沟通的不畅快，甚至产生误会。不仅成人的世界如此，孩子的世界也如此。他们的小眼睛一转，经常会把不敢表达的真实意思绕个弯子说出来。

例如：一个男孩看到商场里的汽车模型，特别想要，可知道家里已经有好几个了，估计妈妈不会买。于是就会试探着说："妈妈，这个汽车模型一点也不好看，我不要。"能听懂孩子话外之音的妈妈会说："你是不是很想要这个汽车模型啊？不过今天确实不能买了，咱们下次有机会再买。"孩子虽然没有被满足愿望，心里却踏踏实实地明白了：妈妈听懂我的意思了，看来我这个要求即使绕个圈子也不能满足，干脆放弃吧。这个听懂的过程既让孩子感受到妈妈是懂我的，又给孩子明确了妈妈的边界。

而听不懂孩子 "话外音" 的妈妈会说："是啊，我家宝贝真乖，这个模型一点都不好看，不要就对了。"这个回应让孩子依旧感觉不踏实，一方面不愿意真的做个 "乖孩子"，另一方面在想：或许还有别的方法可以得到这个汽车模型。于是，他会再试图想办法试探妈妈。

像这样的沟通场景有很多，有的家长说："我的孩子我最了解，他一抬手我就知道他要干啥，一张嘴我就知道他要说什么。"您真的认为自己如此了解孩子吗？您真的能听懂他更深层次的话外音吗？也许，孩子有些话外之音连他自己都不清楚，还需要家长用倾听帮他识别出来。

下面，我就几个典型的例子与家长朋友进行分析，孩子的话外音到底是什么。

孩子说"不公平"其实是说"我想参与其中"

一位妈妈曾经提到：爸爸跟孩子下棋，连赢孩子五局，孩子哭了，连声喊："爸爸不公平！"妈妈听到哭声赶来，了解情况后扭头对孩子爸爸说："你都多大的人了，也不知道让让孩子！这确实对孩子不公平啊！"孩子爸爸听到这里，也不服气了，立马回应道："规则都是一样的，怎么就不公平了。我要是让着他，才是不公平呢！再说了，以后到外面，谁会老让着他呢？你这就是惯着孩子，就是骄纵！"

这样的事情特别多，再比如：家庭聚会上，妈妈好心劝孩子"不要喝饮料，你还小"，结果孩子看到爸爸给自己倒了一杯，立马揭发："妈妈你不公平，不让我喝，爸爸却要喝！"你心里一想，好吧好吧，只好勒令爸爸也别喝了。

在二宝的家庭中，这种"不公平"问题更是屡见不鲜。一位妈妈自认为对两个孩子已经尽力做到一碗水端平了，家里很多玩具都是一模一样的两份，就是怕两个孩子说自己偏心，连去喝喜酒都一定记得带两份喜糖回来，吃薯片恨不得数着片数平均分，不论哪个孩子过生日，一定给另一个孩子也准备一份礼物。因为老二的出生，妈妈担心老大心里不满，加之今年老大进入了小学，晚上的时间都会给老大多留一点，陪他写作业、陪他背书，可只要妈妈去照看一下小宝，老大马上就提出抗议，说妈妈"不公平，你们只爱小宝"。这位妈妈坦言："我都委屈死了，我已经尽力做到公平了，怎么还是不能让孩子们满意呢？"

这些事例引发了我的思考：难道"公平"就是"均等"吗？世间万物，各种资源，难道都是均等的分配给每个人的吗？很显然，不是的。这个世界本没有均等概念下的公平，如果家长一味地追求给予孩子均等的"公平"，无异于给自己挖坑，只能落得个费力不讨好的下场。

　　既然"公平"不能用"物质均等"来理解，那么就是感受层面的概念了。回到成人世界，我们会不会认为领导比自己挣钱多是不公平的呢？通常什么时候会有不公平的感受跳出来呢？大多数人心甘情愿的接受领导挣钱更多的现实，是因为我们知道，领导能做的是我们做不了的，领导要承担的责任也比我们更多。论功绩和贡献，领导更多于普通员工，所以我们不会因此心生烦恼。但如果公司里大小事务都由领导一人说了算，每个员工只是一个干活的机器，没有表达和参与管理的可能，也没有贡献自己想法的机会，领导莫名其妙派来的工作，就会让你的心底发出一个声音：凭什么让我去做？这不公平！

　　感受到了吗？其实不公平的感觉来于"不能参与其中"的无奈。我们不能以一个参与者的身份成为这个团队的一份子时，就会感到自己很不重要，被集体抛弃了。这种感觉很难受，却不易觉察，于是，大多数人就会用物质上的"不均等"来说事。事实上，即使每个人都均等的给予了，如果不能参与其中，不公平的感受依然会充斥内心。

　　这就是前面二宝家庭中，大宝不公平感受的由来。他看着弟弟妹妹出生，被要求把独享的东西分出来，还要处处让着他们，但却不能参与弟弟妹妹长大的过程，或者说没有管理他们、指导他们成长的权利。这对早出生几年还算有点成长经验的大宝来说，简直就是价值感丧失。于是，他就要以不公平为由，想要参与进来，重新获得权利。而家长呢？听不懂孩子"不公平"三个字的话外音，只是一味地把眼光放在"平均分东西"的视角下，这就会造成费力不讨好的尴尬。

　　怎么办？很简单，把管理二宝的权利部分交给大宝。大宝可以决定蛋糕怎么分，可以给二宝布置游戏任务，也可以指挥二宝做力所能及的事情，当然，做不好的时候，大宝有权利批评二宝……这样，两个孩子在更多参与过程中，能够各自找到生态位置，形成最自然的公平关系。

　　同样，那个和爸爸下棋的孩子。爸爸按照自己认为对的规则和孩子玩，却忽略了孩子也想参与其中、成为规则制定者的愿望。他不懂成人世界的普遍规则，只是感觉"被爸爸规定"，却没有"我可以决定怎么做"的权利。喝饮料的孩子也是如此，可以喝和不可以喝，规则全由爸爸妈妈决定，自己只有被命令的份儿。所以，家长可以请孩子来决定，怎么算输赢或者什么情况可以喝饮料。在与孩子讨论的过程中，共同制定规则，一起实施。

　　你发现了吗？这几个不同场景的事件，其实都有着共同的原因。孩子虽小，但也希望能够参与成人世界，为成人世界的游戏规则贡献自己的创造力。所以，他们"不公平"的呐喊其实是在说："我也想参与，别把我当作无足轻重的小孩儿！"家长朋友们，你们听懂了吗？

　　SEL 老师给您的建议

　　孩子嘴上说"不公平"，其实是想获得参与和制定规则的权利。给予他们适当的权利，比物质均等分配要重要得多。

孩子说"你"其实是在说"我"

　　5 岁的小姑娘丽丽自己挑了一件粉色的裙子穿了起来。她来到妈妈的房间，看见妈妈也刚好穿了一条裙子。她拉起自己的裙角，抬头对妈妈说："妈妈，你今天穿的裙子真漂亮！"然后看了看自己的裙子，等待着妈妈的回应。

　　如果你是丽丽的妈妈，你怎么看待孩子的这句话？具有敏锐感知力的妈妈会马上洞察到孩子的话外之音："妈妈，你看，我的裙子也很漂亮！你夸夸我呀！"如果此时妈妈回应说："谢谢宝贝的夸奖，你的裙子比妈妈的还漂亮！"丽丽就会从妈妈的语言中更加认同自己的选择，更加喜欢自己。

　　反之，有的妈妈真的以为孩子在夸赞自己，就会陷入自我陶醉的状态："是嘛！妈妈这条裙子很贵的，是妈妈昨天一眼就看上的。"这就仿佛孩子本想给自己照镜子，可镜子照出来的却是妈妈，孩子无法从妈妈的镜子中找到自己。

因此，孩子很多时候嘴上说"你"或者"他"，其实是想说"我"。儿童阶段的孩子，他们往往借说别人的机会，希望引起家长或老师等权威的关注；通过他们的反馈认识和了解自己，夯实对自己的认识。

我们来做个练习。我列举孩子的几句话，请家长朋友体会一下，他们的话外音到底是什么？

1. 二宝家庭中，小宝会说："妈妈，哥哥不听妈妈的话！"

小宝其实想说：_____

2. 孩子在学校对老师说："老师，浩浩没有把书本放好！"

其实他想说：_____

3. 孩子边写作业边对妈妈说："妈妈，我们班的强强昨天没有认真写作业，老师让他重写了。"

其实他想说：_____

值得注意的是，孩子往往在自己做得好的时候，才会这样说。你想过这是为什么吗？我猜想，这可能与家长对孩子积极关注不够有关。有些家长会认为，孩子做得好是应该的，做不好的时候才要说。这样让孩子反而在需要被夸奖的时候，感到不好意思启齿，因此他们会用说别人的方式引起家长的关注，希望得到肯定和认可。如果家长仍然不能识别孩子的话外之音，就会令他们感到失望，同时也会对自己失去信心。甚至有的孩子还会认为：我是不可爱的，我不配得到认可。

SEL 老师给您的建议

倾听孩子说"你"和"他"时，要格外关注他们的表情和动作。如果他在同样的方面努力做到了，请你一定要表达肯定与认可。

孩子说"不"其实是在说"是"

在亲子沟通中，"不"字可能是最令人紧张的字眼了。孩子似乎从 3 岁开始，就"不"字不离嘴，直到青春期，拒绝家长的次数越来越多，而且越来越坚定。每当这个时候，家长都会感觉到被挑衅，怒火不由得往外冒。

不知家长是否感觉到，你之所以会生气，其实是陷入了自己的可怕幻想中了。你会把孩子的"不"想象成亲子对立，解决的办法必须是二选一。要么必须接受孩子的拒绝，改变自己的立场；要么就是改变孩子的想法，让他屈服于自己，这就将亲子沟通引向了争输赢的对立面。

难道孩子真实的愿望就是要跟你作对吗？你想过吗？他用"不"字或许只是想告诉你"是"，只是他不知道该怎么把"是什么"说清楚，"不"至少可以先简单地说出不要什么。

我们来看一段对话。

8 岁的亮亮正在摆弄乐高，他想搭一个从来都没有搭过的城堡。

妈妈：今天上映了一部新电影，迪士尼动画片，咱俩一起去看吧！

亮亮：不去，我忙着呢！

妈妈：看样子，你是对乐高更感兴趣喽！

亮亮：是的，妈妈。今天我要搭一个从来没搭过的城堡。

妈妈：那你的意思是，今天更想在家搭乐高，对吗？

亮亮：是。我刚刚搭了一半，实在不想去看电影。

妈妈：那我也特别想和你一起看这部电影，你明天晚上可以去吗？

亮亮：妈妈，明天晚上行！没问题可以去！

从这段对话中，我们发现，妈妈并没有陷入孩子的"不"中，她不认为孩子的"不"是对自己的拒绝和挑战，而是从孩子"不"字背后听出了"是"。原来，孩子说"不"只是因为此时在更投入地搭乐高，而非跟妈妈作对。当妈妈替孩子说出"是"时，孩子马上认同了妈妈，接下来的对话才能继续展开。

SEL 老师给您的建议

　　当家长听到孩子说"不"时，你可以问问自己："孩子到底想说的'是'是什么？"解读了他的"是"，孩子的"不"就从对立变成合作了。

孩子可以学到的 SEL 技能

明知道想要什么却绕着弯子说的孩子，他们在被家长"听懂"的过程中，也懂得了家长的边界，知道不是什么要求都可以满足的，不管用什么方式表达，都是不可以的。这样会让孩子把精力放在有意义的事情上，避免不必要的反复沟通。

不清楚想要什么的孩子，他们无意识的话外音被家长解读出来，会增加自我认知的意识，不断通过家长的"镜子"了解自己、核实自己、认同自己。这对孩子的成长尤其重要，能够帮助孩子建立自我认同感。

孩子的"不"只帮助他们知道自己不要什么，但"是"的解读却可以帮助他们看到行为积极的方向。家长与孩子反复练习，能教会孩子学会积极的表达，发展目标感。

SEL大技能：

1. 知道家长的边界，不再绕弯子说话。

2. 从家长反馈的"镜子"中认识自己的真实愿望，建立自我认同感。

3. 不仅知道自己不要什么，更知道自己要什么，学会积极的表达，发展目标感。

从"知道"到"做到"，你还需要多多练习哦！

请你记录一个倾听孩子的小案例，具体描述出孩子当时表达的语言、表情和动作，然后尝试体会孩子的话外之音到底是什么？

倾听案例记录：

_____

_____

_____

_____

_____

_____

_____

这件事给你带来的思考是什么？请你记录下来，这将是一次可复制的成功经验哦！

反思和成长：

_____

_____

_____

_____

_____

_____

_____

敲黑板：

如何听懂孩子的"话外音"

1. 孩子嘴上说"不公平"，其实是想获得参与和制定规则的权利。给予他们适当的权利，比物质均等分配要重要得多。

2. 倾听孩子说"你"和"他"时，要格外关注他们的表情和动作。如果他在同样的方面努力做到了，请你一定要表达肯定与认可。

3. 当家长听到孩子说"不"时，你可以问问自己："孩子到底想说的'是'是什么？"解读了他的"是"，孩子的"不"就从对立变成合作了。

恭喜你！完成了"倾听地图"的第三站学习，又向"倾听型父母"迈进了一步！

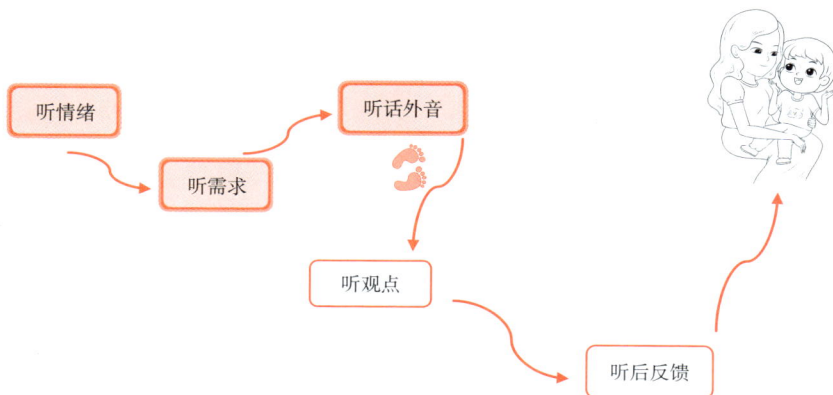

听情绪 → 听需求 → 听话外音 → 听观点 → 听后反馈

Chapter 12

孩子的观点值得听

孩子：妈妈，今天立强打我，但我没有还手。

妈妈：他打你，你是不是特别生气、委屈？妈妈也替你鸣不平。

孩子：就是，他打我我可生气了，可忍了半天，还是没有打他。

妈妈：你一定想，自己要做个善良的好孩子，不能跟他动手。善良的孩子怎么能动手打人呢？

孩子：妈妈，我可没这么想。我就是觉得，平时我都打不过他，要是还手再被打可就惨了，打不过就赶紧跑呗！

妈妈：这孩子，怎么能这么想呢？你是逗妈妈玩呢吧？你肯定不是这么想的……

在这段亲子对话中，如果你是孩子，会有什么感受？的确，正如前文所说，妈妈在第一时间听懂了孩子被打后的情绪，但对于孩子如何看待这件事、又是什么想法让他做出了最终的行为，妈妈是不认同的，并试图在用自己的观点定义孩子的想法：你肯定是想做个善良的孩子，善良的孩子不随便动手打人。即使孩子表达了自己的真实观点，但依然被妈妈否定了。

我特别理解这位妈妈的心理，她想通过这件事来教育孩子，肯定他行为的同时，帮助他建立正确地看待问题的视角，树立健康的人生观、价值观、世界观。于是，妈妈采取了忽略孩子观点的方式，直接植入妈妈的观点。

这样的方式是否可行呢？妈妈的观点可否表达？倾听孩子的过程中是否要听孩子的观点，哪怕是不成熟的观点？这就是本章内容要讨论的问题，我们一一来说一说。

观点的形成是思考的过程

在淘宝网站上购物是妈妈们生活的一部分，我也不例外。如果商家服务到位，商品、快递都令我满意，心情愉快的同时还节省了时间和麻烦，我就会把商家收藏，告诉自己："以后这类东西就在这家买，这家购物让人放心。"反之，哪怕只是商家态度不太好，我都会跟自己说："这家不放心，以后不能来这家购物了。"

这个例子说明，在生活中，情绪和感受的产生会刺激理智脑的思考，然后将已有认知和相关经验联系起来，提炼、概括、总结，形成观点、想法或是信念，之后再用这些观点、想法指导行为操作。周而复始、循环往复。每个人的经历不同、感受不同，也就形成了自己独特看待世界的视角，进而产生思想、观念，形成各自不同的人生观、价值观、世界观，产生不同的行为方式。

我从淘宝购物中体会到了舒服或不舒服的感受，直接激发不同的观点产生，影响我是否再次购买的行动。这个过程是自然连续产生的，不受意志控制。因此，有感受必定会产生观点；没有观点和想法的呈现，感受就等于没有发生。

孩子的成长也是同样的道理。他们带着感受来到这个世界，依托强大的感受能力不断激活理智脑的发育，促进大脑思考。无数次的情绪激发出无数个想法和观点的累积，渐渐形成思想体系，让孩子的思想观点不断浮出脑海，通过语言表达出来，这是思考的过程，也是学习的本质。

SEL 老师给您的建议

倾听孩子除了注重情绪，还要关注他们的想法、观点。"事件——情绪——观点"是孩子自然的学习过程。只有形成观点，才能更好地指导行动。

否定孩子表达观点会怎样

既然思考产生观点，有观点才有思想，家长当然要重视孩子观点的表达。前面对话中的孩子表达了自己的观点，却被妈妈否定了，这对孩子的学习和成长有何影响呢？

首先，否定观点就是在教孩子隐藏观点。 前文说到，观点和想法由感受而来，是大脑思考运作的必然产物。如果家长不允许孩子表达自己的观点，这些观点就会被深深地藏起来。青春期的孩子表现特别明显，他们有很多看待事物的独到想法，但因为不符合家长、学校的价值观，不敢说出来。有些孩子有意识地把自己的想法隐藏起来，刻意不让家长和老师知道，形成隐私，造成家长和孩子之间严重的"代沟"问题。也有些孩子的观点干脆被压抑进潜意识，连孩子自己都不知道它们曾经来过，这些孩子放弃思考、依赖成人、逐渐失去自我意识。

我曾经问过一位高三学生："你大学准备考什么学校？"孩子完全不假思索地回答："不知道，问我妈妈吧！"孩子回答问题的神情让我相信，他真的不知道。孩子十年苦读，一定对自己的未来是有想法的，可能就是因为自己的观点经常不被允许和认可，干脆就不想了，或者在潜意识里想过，却连自己都从来不知道。

其次，观点经常被否定的孩子，会常常怀疑自己、否定自己，形成对自己认识的错误观点。 前面对话中的孩子，自己本来有观点："打不过就跑，不能吃亏。"这虽然不符合道德标准，却是实实在在的真理，是孩子与对方多次冲突后总结出来的经验，没有对错，却很实际。而妈妈认为孩子是善良之举，是以德报怨，尚且不论妈妈的想法是否有道理，但至少和孩子的观点截然不同。

如果你是孩子，会是什么感受？对，孩子的心里会充满矛盾和怀疑。矛盾之处在于，"我到底该听妈妈的还是自己的？"怀疑之处在于，"妈妈说我的想法不对，我的想法到底对不对？"前面说，观点是由情绪激发的思考的产物。新的情绪矛盾和怀疑，又会再次激发孩子产生新的对自己的想法："我不可以有自己的想法，我什么都是错误的……"从而形成认识自己的错误观点。这些错误观点时常暗暗指挥着行动，有些孩子表现出胆小自卑，不敢尝试；有些孩子则处处刻意表现自己，证明自己是对的；还有的孩子甚至走向抑郁，认为自己一无是处……

SEL 老师给您的建议

倾听孩子的观点有着重要的意义和价值。一是，促进思考，增加自我认知，逐渐形成自己的价值观；二是，正向积极地看待自己，避免形成对自己的错误观点，影响行动的方向。

捕捉观点，了解、拓展和纠正

有些家长会说："孩子的有些观点就是不对的，难道家长不要干预吗？"当然要干预！但干预的前提是倾听。倾听孩子的表达有利于捕捉孩子的观点，再通过捕捉到的信息进一步了解、拓展和纠正。

这里我用了"捕捉"这个词，很显然，有时候孩子的真实想法是不容易被发现的，家长要试图抓住关键性词语进一步探索和了解孩子的想法。在前面的对话中，"他打我我可生气了，可忍了半天，还是没有打他。"你对哪些词产生好奇和兴趣？我感觉"忍了半天"和"还是"这两个词似乎是孩子想表达的重点，于是你可以抓住这两个词继续询问："为什么要忍半天？你想到了什么？""为什么还是没打他？你又是怎么想的？"这或许是寻找到孩子真实想法的突破口，同时也帮助孩子把想法进行整理。

　　家长要想更多地了解孩子的想法，"还有吗"是个特别棒的问题。家长不断地问"还有吗"，让孩子尽可能穷尽表达自己的观点，这样才会让家长捕捉到更多的关键词和信息，以便决定下一步的沟通方向。

　　孩子的想法受到大脑发育的局限，很多都是幼稚的、单一的、不成熟的，家长需要干预，这是不可否认的。但干预不只是纠正，干预的意义还有拓展和丰富。如果家长能够把孩子的观点和自己的想法看作是不同的想法，没有对错之分，那么表达各自的想法就是在帮孩子拓展认知，丰富经验，提升思考世界的能力。前面对话中的家长，很显然地认为孩子的想法是不对的，家长的想法和孩子的想法不可以同时存在。家长试图用自己的想法替换掉孩子的想法，这非但不能拓展孩子的认知，更容易让孩子感受到思想的控制。至于如何表达不同的观点可以让孩子更容易接受，我们在后续的篇章中会具体讲到。

　　如果孩子的想法确实很偏激，而且是明显的错误，家长需要纠正，但也要建立在倾听的基础之上。家长通过倾听孩子的充分表达后，再告诉孩子你的想法是错误的，我的想法是什么。但需要注意的是，有时候孩子的表达，看似是观点，实则是情绪，他们会因为情绪还未平复，便用极端的语言表达出来，但并不一定是自己真实的想法。家长要了解孩子的想法，尽量在孩子情绪平稳之后。

SEL 老师给您的建议

　　倾听孩子的观点，要学会捕捉孩子表达的关键词，用"还有吗"多了解，用家长的观点丰富孩子的思想，即使纠正错误想法，也要建立在充分倾听的基础之上。

孩子可以学到的 SEL 技能

正如前面内容所说，情绪激发理智脑的思考就是学习的过程。孩子经常被允许表达观点，就会刺激他们大脑的思考。不在乎观点的对与错，更重要的是产生观点的过程就是促进大脑发育的过程。俗话说，头脑越用越灵光，这不就是在使用头脑吗？

自己的观点经常被倾听，哪怕是极不成熟的观点，也会让孩子感受到自己的重要性。这让孩子更喜欢自己，更相信自己的想法和判断，即使有些想法确实是错误的，但也并不影响孩子对自己的信任。他们不会随便否定自己，而是从失败的情绪中继续思考，寻找问题原因和新的解决方案。

从家长的态度中，孩子会懂得尊重他人的想法和观点。他们不会固执地认为，只有自己的想法才是对的，不同的人一定会有不同的想法。表达观点很重要的作用是丰富自己的想法，而非证明对错好坏。

SEL大技能：

1. 促进理智脑发育，让大脑越用越灵光。

2. 孩子可以感受到自己的重要性，获得基本的自信。

3. 懂得尊重他人的想法和观点。

从"知道"到"做到"，你还需要多多练习哦！

请你记录一个倾听孩子的小案例，具体描述出孩子当时表达的语言，尝试捕捉到孩子的观点是什么？自己的观点是什么？

倾听案例记录：

_____

_____

_____

孩子的观点：

_____

_____

_____

你的观点：

_____

_____

_____

你怎么看待自己和孩子观点的不同？这次交流给你的思考是什么？请你记录下来，这将是一次可复制的成功经验哦！

反思和成长：

_____

_____

_____

敲黑板：

如何倾听孩子的观点

1. 倾听孩子除了注重情绪，还要关注他们的想法、观点。"事件——情绪——观点"是孩子自然的学习过程。只有形成观点，才能更好地指导行动。

2. 倾听孩子的观点有着重要的意义和价值。一是，促进思考，增加自我认知，逐渐形成自己的价值观；二是，正向积极地看待自己，避免形成对自己的错误观点，影响行动的方向。

3. 倾听孩子的观点，要学会捕捉孩子表达的关键词，用"还有吗"多了解，用家长的观点丰富孩子的思想，即使纠正错误想法，也要建立在充分倾听的基础之上。

　　恭喜你！完成了"倾听地图"的第四站学习，又向"倾听型父母"迈进了一步！

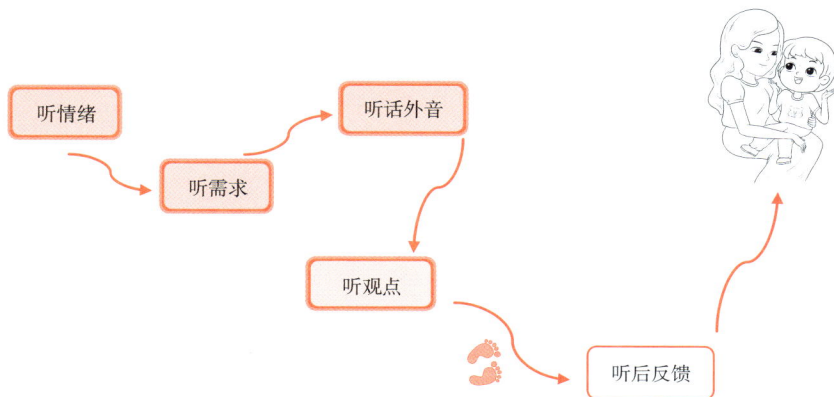

听情绪 → 听需求 → 听话外音 → 听观点 → 听后反馈

Chapter 13

倾听过程中怎样给反馈

一次偶然的机会，我听到两个六年级学生的对话。虽然只有短短的一两分钟，却让我很受启发，也给我提供了机会了解这些孩子。因为不知道他们的名字，下面的对话用 A 和 B 分别代表他们。

A：哥们儿，终于见到你了！昨天在家憋了一天，没烦死我。

B：呵呵。

A：跟我爸妈在家真是太没劲了。尤其是我爸，你说一百句，他都没反应。满脑子想的都是他的股票，成天盯着电脑，就跟一根木头似的……

B：遇上不说话的爸妈你就烧高香吧！要不把我妈换给你？能把你烦死。

A：我觉得你妈挺好的。

B：那是你偶尔见她一次。你信不信，只要你敢开个头，我妈就能唠叨半个小时以上，直到你崩溃而亡。特别郁闷的是，你还没说啥，她就给你一大堆建议，感觉比我还着急上火。弄得我每次都后悔，这破嘴，干嘛多说那两句。

A：唉！咱俩同病相怜，今天好好玩吧！

听到两个孩子的对话，我不禁感慨，如今的孩子吐槽父母真是滔滔不绝。同时我也感受到他们在家庭中与父母沟通的无奈和无助，于是好奇地问："那你们希望爸爸妈妈怎么回应你们的表达呢？"两个孩子想了想，一起摇了摇头说："不知道。"

很显然，两个孩子的吐槽是对家长倾听反馈的不满，但可惜的是，孩子们只知道父母的回应让自己很不舒服，不想要这样的状态。但他们想要什么样的回应？孩子们也不知道。因为，他们并没有体会过正确的反馈带给自己舒服的感受，自然不知道想要的答案是什么。

在接下来对他们的观察中，我还发现，两个孩子的对话模式是都在抢着说自己的，嗓门越来越高，仿佛生怕对方听不到自己说的，但却完全没有听到对方说的，更不要说给予对方适当的反馈了。我不禁再次感慨，家长不具有沟通的社会与情绪技能，孩子又如何能够习得呢？

倾听必须要有反馈

前面两个孩子都对家长的反馈不满意，我认为主要是两个问题，一是发心，二是度。

我们先说发心。两个孩子之所以感到不舒服，是因为他们的父母都是站在家长自己的角度进行反馈的。A 的爸爸更关注自己的事情，把孩子的表达当作耳旁风，他不反馈的行为传递给孩子的是"你快点说完，说完我就可以忙我的了""你的表达不重要，我的事情才重要"；而 B 的妈妈则是不管孩子的需要，尽管表达自己的情绪、想法甚至建议。在"怎么听懂孩子表达的情绪"这部分内容中我说过，孩子有时只是表达情绪，他更希望家长帮助他分担情绪。但妈妈的强烈反馈，不仅没有帮到孩子，还把自己的焦虑、担心等情绪，通过喋喋不休的语言传递给了孩子，让孩子不得已承担起自己和家长的双倍情绪，这样无异于是自找苦吃，所以 B 才会后悔，认为自己真是多嘴。

反馈是亲子沟通中极其重要的环节。孩子有表达，家长就要有反馈，要不断觉察自己的初心。结合前面几个内容的讲解，家长要在倾听中了解孩子的情绪、需求、话外音和观点等，站在孩子的角度给予回应，这样才能让孩子感受到来自父母的关怀。

再来说说度。任何事都要有度，万事万物走向极端都会适得其反，反馈也是如此。很显然，A 和 B 的父母一个反馈过少，一个反馈过多，都让孩子感觉不爽。我觉得沟通就像练习打球，球在两个人的控制下有来有往。孩子说出的话就像发出的球，家长接住了，并稍微发点力再推回来，刚好推到孩子合适的位置，孩子再打回去。这样的打法更像是合作，让对话的回合增加，越打越有劲儿。A 爸爸没有反馈，就如同孩子发出的球打在了棉花上，应声落地，练习就此结束。而 B 妈妈呢？则是反击过于强烈，硬是把一场以合作为目的的友谊赛打成了争夺冠亚军的决赛，在这样不公平的对决中，往往都是家长拿走了冠军的头衔，而孩子是永远的失败者。这也解释了为什么有些青春期的孩子会不顾一切地跟家长吵架？这是不是很像"君子报仇十年不晚"的感觉？等到孩子长大了，有了力量，他们会把自己曾经输过的球再赢回来。因为他们和父母的沟通一直都是对决，而非合作。

SEL 老师给您的建议

倾听过程中给予孩子反馈是必须的，一要注意发心，你是不是站在孩子角度回应；二要注意度，切忌抢占发言主导权，让孩子永远是沟通的失败者。

正确反馈的方法

有家长一定会问，那有没有正确反馈比较好用的方法呢？方法当然有，接下来会给大家介绍几个。但也要提前说明，方法固然重要，但如果家长带着不变的发心，只一味效仿方法，那你一定得不到亲子沟通真正的改善。我的建议是，带着对自己内心的觉察去实践方法，慢慢地，你的方法才会与发心匹配，沟通中的反馈才会更加自然和有效。

方法一：穷尽

前面讲到过，孩子的表达大多是无意识、无主题的，语言像无序的洪水夹杂着情绪和想法任意流淌。家长如果想要更多地了解孩子，倾听中要善于说"还有吗？"在孩子表达时不断询问"还有吗？"可以帮孩子把所有想说的表达穷尽。这样为家长下一步的引导获得了更多素材。

我们举个例子。

一个 6 岁的孩子去上围棋兴趣班，下课后第一句话就跟妈妈说："妈妈，下次我不来了。"

妈妈感到很好奇，以前孩子都蛮喜欢上围棋课的，今天到底怎么了？于是，她问孩子："为什么不想来上课了？给妈妈说说。"

孩子想了想，说："我就是不想上了。"

"还有吗？"

"还有……"孩子继续说："前面有个同学，他上课挡住我了，我看不见。"

"还有吗？"妈妈继续问。

"哦，对了，今天有个新老师，原来的李老师不来了。"

"还有吗？"

"老师说我的棋下的不对，李老师就从来不说我。"

"还有吗？"看似答案已经浮出水面了，但妈妈还继续问，感觉是在尽量挤出海绵里存留的水分。

"嗯……这个新老师不如李老师会笑，他总是凶巴巴地看着我。哦，对了，他今天还说，下次没有做好作业不让去上课。"

"还有吗？"

孩子使劲想了想，摇了摇头说："没了！"于是就跑去玩耍了。

这个案例中的妈妈，没有急着用自己的想法判断孩子不想上课的原因，而是用"还有吗"帮孩子不断思考，梳理出自己不想上课的原因。越真实的原因往往藏得越深，不这样穷尽的追问是难以发现的。在最后的答案中，我们不难体会到，孩子是担心作业完成不好老师不让上学，与其被老师勒令不让上学，不如自己先不上学。了解了这一点，我们就可以对症干预，帮助孩子完成好作业，避免被惩罚。

方法二：核实

每个人大脑运作的方式是不同的，和自己经验相关联的问题会更加敏感。孩子表达的关键信息中，家长听到的不一定是孩子要表达的，因此，要不断与孩子核实："你说的是这个意思吗？"尤其刚开始练习倾听和回应的家长，还未与孩子达成思想上的共识，更需要多向孩子核实信息。这样做的好处不仅可以收集到更准确的信息，而且还以倾听者姿态让孩子感受到尊重和平等。

方法三：总结

孩子的表达通常是无序的，而且常常是长篇大论，从天南说到海北，最后把自己想说的也忘记了。甚至有些成人，表达起来也是缺乏核心思想和逻辑关系的，这与小时候缺乏训练有很大关系。因此，作为倾听者，可以尝试帮孩子的无序表达进行有序的总结，提炼和概括出他想说的主题，达到训练的目的。

对于三年级以下的孩子，可以只做一个中心主题的总结，你可以说："我刚刚听你说了这么多，你是不是想说……，对吗？"对于三年级以上的孩子，可以帮孩子总结出他表达的逻辑层次，你可以说："我刚刚听你讲了这些，我感觉你想说这么几个意思。一是……，二是……，三是……，是这样吗？"注意，逻辑层次不宜过多，以三个为主即可，这样既能够理清孩子的表达，更是一种表达能力的训练。

方法四：好奇的问

询问是倾听中很重要的反馈方式，通过问问题可以帮助家长了解更多。但为什么有些家长越问孩子越不想回答呢？这个关键就在于你的"问"是不是"好奇的问"。

很多家长的"问"被孩子看作是"质问"。"你为什么要这么做？""这样做你知不知道是错的？""你怎么能这样做呢？"这些问题无疑阻断了沟通的进程，让孩子失去了表达的欲望。

那怎样问出好奇的问题呢？一个简单的原则是，尽量少问"为什么"，多问"什么""怎么""谁"开头的问题。比如，孩子说："妈妈，我要和某某断交，我们再也不是朋友了。"妈妈可以问："是谁惹了我儿子，让我儿子生气了？""到底发生什么了？给妈妈讲一讲。""他是怎么做的，怎么说的？""你说了什么，做了什么？"这些问题更像一部寻求真相的"探测器"，一步步开启孩子对事件的记忆，让家长充分地了解孩子，打开孩子内心的世界。

这里想要提醒各位家长的是，"好奇的问"看似容易，实则不易。最重要的不是方法和句式，而是家长要真正带着好奇之心。你相信万事万物都是复杂的，孩子所经历的每一件事都有可能与自己想象的不同；你也相信即使是家长，也不是全能全知的，孩子的内心值得探索；这样，问的问题更像是在寻找答案。如果你心里早已有了判断和答案，你的问题只是在印证它的正确性，那就不要再装出好奇的样子去问了，还不如直接说出自己的想法。

方法五：复述

这里所说的复述也叫作反射性倾听，意思就是倾听者把对方表达的语言尽可能原样复述出来，不要添加、删减或者用自己的语言重新组织。这是一种训练倾听的好方法，同时可以不带着自己判断的吸收孩子表达的信息，也让孩子感到自己被重视。

方法六：承认

有些家长会说，老师教的方法都很好，可是有的时候回到家，我也很疲惫，希望能安静地休息一下，实在不想听孩子讲话；或者正如前面案例中正忙着关注股市的爸爸，此时正是关键时刻，没有办法放下手上的事情专心听孩子说话、不分心地给予反馈，这该怎么办呢？

其实，这种情况是很正常的。家长不要奢求成为完美的爸爸妈妈，毕竟我们还要照顾好自己的情绪和工作。当你确实做不到以上五种方法进行反馈的时候，那就承认吧！你可以说："宝贝，妈妈今天工作很累很累，特别不想说话。如果你想说话给妈妈听，我就边休息边听着，不给你反馈了。"你也可以说："现在的股市波动正紧张，我需要集中注意力关注它，脑子不够用，你说的话我可能听不全，也没法跟你讨论。你确定现在还要讲给我听吗？"

体会一下，当孩子听到家长如此坦然的承认自己做不到，还会纠缠不休吗？即使他们一定要说话给你听、但你不反馈的时候，他们也会做好心理准备：这是爸爸妈妈做不到，而非不喜欢我。

> **SEL 老师给您的建议**
>
> 倾听时正确反馈的方法：
>
> 1. 用"还有吗"穷尽对方的想法；
>
> 2. 及时核实听到的主要信息；
>
> 3. 帮孩子进行中心主题或逻辑层次的总结；
>
> 4. 带着好奇提问，多用"什么""怎么""谁"这样的问题；
>
> 5. 把对方表达的内容不添加、不删减、不重组地复述出来；
>
> 6. 做不到 1 ~ 5 的时候就坦然承认。

非语言反馈同等重要

除了用语言进行倾听反馈，非语言反馈也同等重要和有效。常用的方法有，微笑、点头、注视对方的眼睛、发出"嗯""哦""是嘛"等语气词，或者干脆做出与孩子情绪相同的表情和动作。家长用这样的姿态倾听，就是在向孩子传递"你很重要"的信息，这比起给孩子 100 个建议、说 100 句好听的话都有效。

恰好刚看过热映电影《你好，李焕英》，即使女主角贾玲的妈妈嘴上说："只要你健康快乐就行！"但贾玲依然从妈妈的一举一动和每个表情中总结出了一个相反的结论："我从没让妈妈省心过一次，如果妈妈生的不是我，一定过得比现在幸福吧！"而且深信不疑。我认为，这就是非语言反馈的力量。如果家长不注重这一点，无意识的表情和动作会伤害孩子更深。

SEL 老师给您的建议

倾听时要特别注意非语言反馈。常用的方法有：微笑、点头、注视对方的眼睛、发出"嗯""哦""是嘛"等语气词，或者干脆做出与孩子情绪相同的表情和动作。

孩子可以学到的 SEL 技能

有些家长吐槽孩子，自己说话孩子总是没有反应，好像对牛弹琴。那么我想问，孩子的表达家长是否给予恰当的反馈了呢？孩子的成长以模仿为主，所以，家长适当有效的反馈也会教孩子学会这一点。家长刚开始学习的过程可能会显得比较僵硬，但长此以往给孩子做示范，让孩子的倾听和反馈成为一种习惯，也会更加自然的帮孩子建立良好的人际关系。

孩子更喜欢有来有往的交谈过程，他们不仅会在这样的交谈中感受到自己的重要，解决现实问题，还不断体验着良好的亲子关系的滋养，那是一种无以言表的幸福感。

SEL大技能：

自然学习到倾听和反馈的技能，成为一种人际交往的习惯。

GET

从"知道"到"做到"，你还需要多多练习哦！

请你记录一个倾听孩子的小案例，特别注意自己是如何反馈的？

倾听案例记录：

_____

_____

_____

_____

_____

_____

_____

_____

这件事给你带来的思考是什么？请你记录下来，这将是一次可复制的成功经验哦！

反思和成长：

_____

_____

_____

_____

_____

_____

_____

_____

敲黑板：

倾听过程中怎样给反馈

1. 倾听过程中给予孩子反馈是必须的，一要注意发心；二要注意度。

2. 倾听时正确反馈的方法：（1）穷尽；（2）核实；（3）总结；（4）好奇的问；（5）复述；（6）承认。

3. 倾听时要特别注意非语言反馈。常用的方法有，微笑、点头、注视对方的眼睛、发出"嗯""哦""是嘛"等语气词，或者干脆做出与孩子情绪相同的表情和动作。

恭喜你！完成了"倾听地图"的第五站学习，成为一名真正的"倾听型父母"！

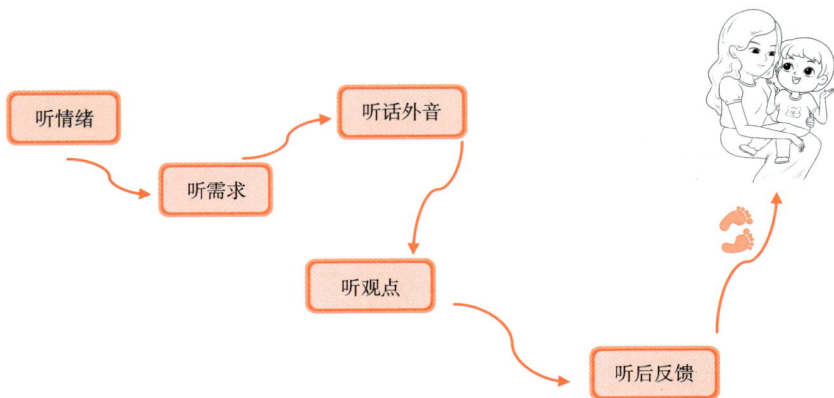

听情绪 → 听需求 → 听话外音 → 听观点 → 听后反馈

PART 3

沟通进行时——说

Chapter 14

家长的"需求"怎么说给孩子听

　　乐乐的妈妈每周最忙的时候就是双休日。周一至周五孩子上学、自己上班，还算有节奏。一到周六日，就开始围着乐乐转，进入忙不迭的紧张状态。

　　周六上午是数学和英语辅导，中午路上随便吃点，下午跑到十几公里以外的书法老师家，陪孩子学写毛笔字，下了课再开车半小时，去上市内最著名的美术老师的课，晚上7点多赶回家给乐乐和丈夫做顿晚餐。吃完饭，8点打开电脑，乐乐的SEL课又在网络上开始了……周日，6点起床，收拾家、做早饭、洗衣服，等忙得差不多了，8点赶紧叫乐乐起床写作业。妈妈心里盘算着，早点写完作业，下午有时间还能带乐乐出去玩玩。

　　妈妈尽可能安排好时间，尽心尽责地陪伴乐乐，想让她劳逸结合，拥有一个丰富多彩的童年。可有时候乐乐就是不听话，叫起床不起床，写不完作业还想出去玩。双方一着急上火，就火药味十足，本来美好的亲子外出时光，则变成了痛苦的争吵。乐乐讨厌被妈妈安排干这干那，妈妈则委屈地大喊："为了你，我牺牲了自己的全部休息时间，可你却还不满足！"

　　琪琪的妈妈最发愁的时间就是晚上。琪琪写作业总是不着急，遇到作业多一点，写到10点还不能睡觉。妈妈累了一天，早就坚持不住了，想让琪琪赶紧睡觉，自己也能早点休息，可琪琪还是不紧不慢的。妈妈为此很生气，大声指责他："你这样睡眠时间太少，会影响学习和身体健康的！"

　　这两个生活片段来自成千上万的家庭，越来越多的家长为此感到困扰：我们为孩子付出了这么多，可为什么孩子还是这样不懂事？从父母的抱怨中，我听到了委屈、愤怒的情绪，这些情绪从哪里来？父母情绪的背后又在表达着什么？这个章节我来与您聊聊"父母的需求"问题。

父母也有需求

　　通过前面的学习，我们知道，孩子的语言背后总是在传达着他潜在的需求，家长只有解读了他背后的需求，才能让沟通更加顺畅。那么，除了孩子，父母的内心有需求吗？当然有。马斯洛的人本哲学将人的需求分为两类：基本需求和特殊需求。其中基本需求是全人类共同的需要，是由遗传决定的，是一种本能。

　　既然需求是本能，那就意味着人人都有，不会因为你成为父母，需求就消失了，甚至生养孩子本身也是父母的需求之一。父母在生育孩子的过程中，感受繁衍的快乐；在怀抱孩子的那一刻，体会赋予孩子安全感的幸福；在为孩子和家庭成长奋斗的时候，体验责任感带来的内心力量。这些都是父母内心的需求，它也成为父母一切行动的目标和动机。

　　除了与孩子相关的需求，父母也应该拥有和他人一样的物质和精神的需要。按时吃饭、适当休息、学习和成长、兴趣和爱好、锻炼身体、有人陪伴等，都是父母作为独立的人需要拥有的需求。一旦这些需求不能被看见和满足，就意味着父母被剥夺了追求快乐的权利，又怎么有能力满足孩子的需求呢？

　　乘坐飞机时，总是听到乘务员告诫带孩子的父母们，当发生意外时，请先自己戴好氧气面罩，再为孩子戴上。这不能说明不爱孩子，而是只有父母先照顾好自己的生命，才可能照顾到孩子。如果父母都因缺氧而体力不支，孩子也一定不会幸存。

　　回看上面的两个例子，乐乐的妈妈牺牲了属于自己的全部休息时间和精力，忽视了自己生活的需求，将生活的全部寄托在孩子身上。一旦孩子不能符合她的意愿，委屈的情绪就会升起：为了你，我都放弃了自己，而你却要"背叛"于我，我太委屈了。琪琪的妈妈也是如此，她忽视了自己需要休息的需求，而是转化为愤怒的情绪指责孩子的行为。

　　家长忽视自己需求最大的代价就是造成能量枯竭、情绪成本透支的状态。一旦进入这种状态，家长就会无意识地选择两败俱伤的方式跟孩子战斗，用尽最后的力量使用挑剔、威胁、咆哮、惩罚等手段，直到精疲力竭。

　　与此同时，孩子也能感受到这一点。他们被父母的过度关注裹挟，因为不想被控制而奋起反抗。他们想追求自己的需求，争取自己的时间和空间，被迫和父母战斗。一旦看到父母的无力，又会充满内疚和自责，这让孩子对父母的行为产生矛盾心理，不知道到底是要感激还是要痛恨。

　　家长忽视自己的需求还有一个风险，孩子会认为父母没有需求。他们会坦然地享受父母给予的一切，认为这是理所应当，当然也不会主动成为一个给予者，不会付出努力为满足家长的需要提供帮助。前面两个例子中，如果两位妈妈长期如此，乐乐和琪琪也自然不会理解妈妈的辛苦，不会通过改变行为来帮助妈妈满足需求。

SEL 老师给您的建议

　　需求是本能，除了生育孩子，家长也需要拥有作为人的基本需求。例如：按时吃饭、适当休息、学习和成长、兴趣和爱好、锻炼身体、有人陪伴等。忽视这些需求，家长容易产生委屈和愤怒等情绪，孩子也会认为父母没有需求，就不会主动帮助父母。

寻找自己的需求

如果你是一位忽视自己需求的父母，那么，寻找自己的需求比陪孩子上一节兴趣班要重要得多。至少，每天给自己十分钟的时间，问问自己："除了围着孩子转，还有什么是我需要的？"然后花一点时间去做。以我个人为例，我喜欢思考问题，思考是我的需要。我每天会用十分钟的时间扫地，边扫地边思考。和爱人遛弯，也是我厘清思路的重要时间。如果没有特殊事情，我一定要拉着爱人出去走走，边走边把我的思考说给他听。说着说着，一些没想明白的事情就厘清了，心情也会格外爽朗。

当家长和孩子发生冲突的时候，不一定是孩子哪里做错了，很有可能是家长陷入了能量枯竭的状态。这时，我的建议是，请家长停下指责、谩骂的行为，不妨问问自己："此时我有这么大的情绪，是因为我的什么需求没有被满足？"前面案例中乐乐的妈妈没有了属于自己的时间，琪琪的妈妈则需要早点休息。如果意识到这些，乐乐的妈妈就可以把送孩子上课的任务交给爸爸，挤出一点时间做自己的事；琪琪的妈妈则可以向孩子发出邀请："妈妈很累了，需要十点睡觉，你能帮助我吗？"

寻找自己的需求是需要练习的。这里有一个清单，罗列了每个人都有的一些需求。我会列出一些场景，请你尝试从这些熟悉的场景中找到家长的需求可能是什么，选择需求填在括号里。

常见的需求： 休息　锻炼　健康的食物　学习和成长　兴趣　创造力
　　　　　　　陪伴　诚实　倾听　支持　意义　时间　参与

熟悉的场景：（请选择父母可能的需求是什么，选择不唯一）

1.妈妈生气地对爸爸说："孩子的事你从来都不管，就不知道你到底在忙什么？你要是不管，我也不管了！"（　　　　　）

2.妈妈看见孩子回到家不先写作业，感到很着急："回家先把作业写完再玩多好啊！赶紧去写作业，要不不能玩游戏。"（　　　　）

3.爸爸看见妈妈陪孩子写作业着急上火，赶紧把妈妈拉开，对妈妈说："你这样管孩子是不对的，你休息休息，我来吧！"（　　　　）

4.爸爸刚回家，妈妈就开始机关枪似的唠叨。一会儿说孩子在学校表现不好被老师告状，一会儿说奶奶买了不健康的食物给孩子吃，一会儿又说单位的同事怎么怎么……（　　　　）

5.妈妈对孩子说："不能总是做感兴趣的事，也要为别人努力做枯燥的事，才能锻炼意志力。你看妈妈，虽然也有很多兴趣爱好，但都放下了，每天除了上班就是做家务，这都是为了你和爸爸生活得更好。"（　　　　）

怎么样？几个练习做下来，你可以准确地寻找到自己的需求吗？当看到自己的需求并尝试满足时，又是一种什么感受呢？

SEL 老师给您的建议

家长需要每天花一点时间问问自己："除了围着孩子转，还有什么是我需要的？"当和孩子发生冲突的时候，请停下指责和谩骂，问问自己："此时我有这么大的情绪，是因为我的什么需求没有被满足？"

表达父母的需求

一旦父母看到了自己的需求，不仅需要照顾好自己，也要有选择地说给孩子听，这是增加亲子连接的重要环节。我教给父母三个步骤，不妨多多练习。

第一步，承认自己的需求。很多家长明明有需求，却不敢承认，担心说出来会显出自己的懦弱。但事实上，很多需求是伴随情绪传递出来的，孩子完全可以感受得到。孩子一方面经受着父母狂风暴雨式地批评和指责，另一方面又感受到他们内心的虚弱、恐惧和无助，这会让孩子对父母的行为感到迷茫、困惑。他们想要帮助父母面对内心的虚弱，却又被指责激发着斗志。

因此，请真诚地告诉孩子你的需求。你可以说："我需要……"或者"……这是我的需求"。不要担心承认自己的需求会让你变得懦弱，反之，不敢承认的掩饰才真的证明你的懦弱。

第二步，邀请对方支持，提出明确的行动方案。父母的示弱反而给了孩子强大的机会。他们幼小的心灵渴望长大，成为一个对父母和家庭有贡献的人。只是因为经验有限，方法不够丰富，孩子有时不知道该如何帮助爸爸妈妈，也时常把事情搞砸。因此，父母要主动邀请孩子帮助自己，并给孩子提供明确的行动方案。

前面案例中琪琪的妈妈，可以向琪琪发出邀请："妈妈很累了，需要十点睡觉，你能帮助我吗？"同时给出建议："现在这两项作业，如果用闹钟计时，每项作业30分钟内完成，咱们就能保证在十点前睡觉，你愿意试试吗？"当然，如果孩子还有不同的方法，也可以提出来讨论，直到达成共识。

第三步，感谢对方满足你的需要。一旦意识到孩子的行为不是应该，而是为满足父母的需要做出的努力，我们看待孩子的眼光自然就不同了。我们需要心生感激地对孩子说："谢谢你对我的支持！"这会让孩子感受到自己努力的价值，在他们眼中，父母也是最了不起的父母。

再来练习一下。前面5个生活场景，如果是你，你怎样向对方承认自己的需求，并邀请支持呢？请你把表达需求的语言记录下来，下次尝试说出来。

1.妈妈生气地对爸爸说："孩子的事你从来都不管，就不知道你到底在忙什么？你要是不管，我也不管了！"

2.妈妈看见孩子回到家不先写作业，感到很着急："回家先把作业写完再玩多好啊！赶紧去写作业，要不不能玩游戏。"

3.爸爸看见妈妈陪孩子写作业着急上火，赶紧把妈妈拉开，对妈妈说："你这样管孩子是不对的，你休息休息，我来吧！"

4.爸爸刚回家，妈妈就开始机关枪似的唠叨。一会儿说孩子在学校表现不好被老师告状，一会儿说奶奶买了不健康的食物给孩子吃，一会儿又说单位的同事怎么怎么……

5.妈妈对孩子说："不能总是做感兴趣的事，也要为别人努力做枯燥的事，才能锻炼意志力。你看妈妈，虽然也有很多兴趣爱好，但都放下了，每天除了上班就是做家务，这都是为了你和爸爸生活得更好。"

SEL 老师给您的建议

表达自己的需求有三个步骤：第一步，承认自己的需求；第二步，邀请对方支持，提出明确的行动方案；第三步，感谢对方满足你的需要。

孩子可以学到的 SEL 技能

　　如果父母经常表达自己的需要，孩子首先会感受到尊重和边界。他们更容易分清"我和你"，不会把父母的需求也承载到自己身上，当然也会有边界地表达自己的需求，逐渐与家长建立起健康的亲子关系。

　　父母经常表达自己的需要，可以帮助孩子更好的理解父母，发展同理心。他们在一次次帮助父母的过程中，获得能力感，体会到小小年纪但很有用的自信，从而建立起对父母、他人的责任心。

　　帮助父母满足需求不仅需要孩子的用心和努力，更需要能力。孩子的每次努力都能激发他们想到办法、发展能力。经过无数次的锻炼，孩子走进社会时，将更有能力。

SEL大技能：

　　1.能感受到尊重和边界，更容易分清"我和你"。

　　2.能更好地理解父母，发展同理心。

　　3.能在帮助父母满足需求的过程中，想到办法、发展能力。

从"知道"到"做到"，你还需要多多练习哦！

请你记录一个表达需求的小案例，具体描述出当时的场景及表达的语言，注意认真观察孩子的反馈，记录下来。

表达需求案例记录：

_____

_____

_____

_____

_____

_____

_____

这件事给你带来的思考是什么？请你记录下来，这将是一次可复制的成功经验哦！

反思和成长：

_____

_____

_____

_____

_____

_____

_____

_____

敲黑板：

家长的"需求"怎样说给孩子听

1. 需求是本能，除了生育孩子，家长也需要拥有作为人的基本需求。

2. 家长需要每天花一点时间问问自己："除了围着孩子转，还有什么是我需要的？"当和孩子发生冲突的时候，请停下指责和谩骂，问问自己："此时我有这么大的情绪，是因为我的什么需求没有被满足？"

3. 表达自己的需求有三个步骤：第一步，承认自己的需求；第二步，邀请对方支持，提出明确的行动方案；第三步，感谢对方满足你的需要。

恭喜你！完成了"表达彩虹桥"的第一站学习，向"表达型父母"迈进了一步！

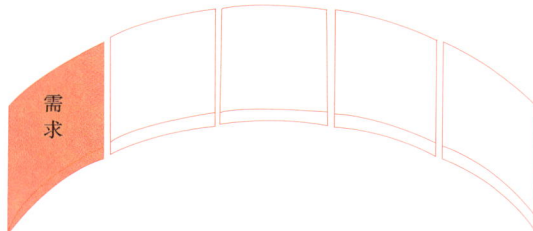

需求

Chapter 15

家长的"情绪"怎么说

　　7岁的小硕在拼乐高，4岁的弟弟在一旁看着。拼到最后的一张图纸，零件找不到了，怎么也拼不成。一使劲儿，"哗啦"，已经拼好的零件也被小硕自己碰散了一地。小硕瞬间崩溃，一脚踢翻了乐高，还捡起一块朝弟弟头上扔去："都怨你！走开远点，别让我看见你！"

　　如果你是小硕的父母，当你看到这一幕，请仔细体会一下，你的心情如何？不用说，肯定是生气、愤怒或者是担心、害怕……总而言之，一定会不淡定的。我尝试来描述两类家长的不同表现。

　　A爸爸——上去狠狠拍了小硕的后背，厉声呵斥："明明是你自己找不到零件，你还要胡闹！再欺负弟弟，小心我揍你！"

　　B妈妈——看上去很生气，但深深吸了口气，努力忍了忍，和颜悦色地说："宝贝，乐高没拼好，咱们重新拼就好了。你也不能打弟弟，是不是？"

　　显然，两位家长都生气了，但表现形式完全不同。切换一下角色，如果你是孩子，哪位家长的表达让你感受到了他们的情绪？你如何看待面前的父母？

　　情绪是会被感染的，孩子的强烈情绪必然会激发家长的情绪，再加上弟弟也被莫名的"欺负"，父母产生情绪是非常正常的。在社会与情绪技能中，很重要的一项技能就是"觉察和表达自身的情绪"。那么，家长怎样把情绪准确表达出来，让孩子接收得到？正确表达情绪对孩子的成长又有怎样的意义和价值呢？这就是本章节要探讨的问题。

爆发和隐忍

对于情绪的表达有两种不同的意见。一种说有情绪就要发泄出来,情绪就如洪水,需要释放出来才能心情舒畅,这是对身体有益的。还有一种说,有情绪是不对的,至少不能表现出情绪。

前面案例中的两位家长,他们的行为正对应了这两种说法。A 爸爸在看到孩子的不当行为时,让愤怒的情绪肆意爆发出来,用打和骂的方式表达出来。如果用手掌表示大脑,他的三个脑结构应该处于理智脑断开的状态(见图 15-1)。这时爸爸的理智脑不参与工作,行为脑被情绪驱使,做出失控的行为。爸爸的这种状态会让孩子也陷入情绪失控状态,此时孩子的理智脑也无法工作,根本不会回到事情本身思考——爸爸为什么生气?我的行为有什么不当?而是本能的逃避、战斗或者呆滞。

因此,爸爸这种爆发式的情绪表达只是一种宣泄,无法从根本上解决问题,只能将事情暂时搁置,甚至制造出更大的情绪冲突,远离问题本身。一旦爸爸的情绪过去,理智脑重新工作,还会对刚刚的行为感到后悔、内疚,甚至为自己的失控感到沮丧和无力。而孩子也会对爸爸感到失望,亲子关系遭到破坏。

图15-1 情绪爆发时手掌演示图

B 妈妈认为不应该产生情绪，当愤怒的情绪来临时，她选择了隐忍。她告诉自己："发脾气会伤害孩子，我要冷静，要好好跟孩子说话。"于是用强大的理智脑压抑熊熊燃烧的怒火（见图15-2）。请大家尝试体验一下，用四个手指紧紧握拳，是一种怎样的感受？的确，你会感到肌肉紧张，特别累，时间长了，整个拳头都感到麻木，甚至连呼吸都受到了影响。这种感受就是经常压抑情绪的结果。

这种隐忍不等于冷静，看似无动于衷的外表，其实只是假象，深藏在内心的情绪能量依然涌动。如果不能适当表达出来，要么集中爆发、歇斯底里、一发不可收拾，要么把向外的攻击力量指向自己，造成自我的崩溃状态，甚至会出现失眠、头痛等躯体症状。

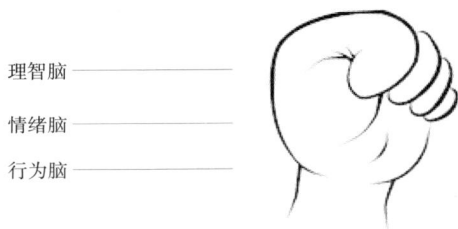

理智脑 ————

情绪脑 ————

行为脑 ————

图15-2　情绪隐忍时手掌演示图

这种隐忍真的能保护孩子不受伤害吗？其实不然。孩子的感受力非常强大，通常情况下，他们不通过语言判断家长的情绪，而是通过察言观色和心灵感应来判断。很多时候，当家长还没有觉察到自己有情绪时，孩子就准确地捕捉到了。所以，家长强压在心里的怒火是瞒不过孩子的。但家长没有表达出来，又会引起孩子的怀疑和困惑：妈妈是生气了吗？是我感觉错了吗？为了证实自己的感觉，很多孩子还会进一步挑战家长，变本加厉地激发家长的情绪，直到家长忍无可忍的爆发。这种虚假的情绪状态，更容易给孩子造成情绪困扰，也会给亲子关系蒙上一层迷雾。

SEL 老师给您的建议

爆发和隐忍都不是健康的情绪表达方式。爆发只是一种宣泄，既不能有效解决问题，还会破坏亲子关系；隐忍并不是冷静，而是一种假象，反而会让孩子产生怀疑、困惑。

情绪与边界

一定有家长朋友说，这样也不行，那样也不对，家长有情绪到底要不要表达？当然要表达。对于家长来说，情绪是内在的能量流动，是一种本能，无法阻碍和消灭。对于亲子关系，情绪也是帮助孩子学习与父母相处，建立人际边界感的好机会。

可以说，孩子从出生起就在用情绪与世界交流。他们表达着自己的情绪，也在通过外界父母的情绪反应审视和了解自己。如果自己的行为让父母高兴，他们就知道，我可以这样做；如果让父母生气、难过，那么这样做就是不对的。随着年龄不断增长，孩子接触的外部环境越来越大，用识别他人情绪的方式认识和了解社会规则，找到自己和他人的身体和心理边界，健康的适应生存环境，将是他们重要的生命任务。这一切都源于父母在家与孩子的情绪练习。

在前面的案例中，如果家长不生气，小硕会认为这样做是正确的，下次还会动手打弟弟。他无法从中学会规则，更不可能考虑到弟弟的感受。因此，我认为，家长是要表达情绪的，只有"真实稳定"地表达情绪，才能帮助孩子建立健康的边界感，找到适当的行为空间。这里说的"真实"是指：对自己的情绪有清晰地觉知，不遮掩也不夸大。"稳定"指的是，引发情绪的原因保持一致，不被其他问题干扰，避免造成同一事件不同的情绪反应。

SEL 老师给您的建议

家长表达情绪有助于孩子建立健康的人际边界感，需要既不遮掩也不夸大的真实，确保相同原因产生相同情绪反应的稳定性。

从觉察到表达

那么，家长到底要如何正确地表达情绪，帮助孩子建立健康的边界感呢？我的建议是：先觉察再表达。

觉察的意义在于让失控的情绪被理智脑看见和允许。前文说到，在情绪失控状态下，理智脑停止工作，此时的情绪就像脱了缰的野马，拉着身体这架马车肆意奔跑。要想控制情绪，需要重新启动理智脑。而情绪这匹野马不喜欢被教育，更不喜欢被强行压制，它唯一接受的方式就是被看见，并允许它继续奔跑，直到能量释放完毕，逐渐恢复平静。理智脑的作用正是如此，它可以帮助情绪找到一种更无害和有效的方式进行觉察，让情绪流动起来，既自由，又可控（见图 15-3）。

图15-3　理智脑控制的情绪流动示意图

因此，当情绪来临时，家长尝试停下对孩子的指责，回到自己的身体，给自己一点时间，体会一下：我的表情此时是什么样的？眼睛、眉毛等都是什么样？身体具体哪里不舒服？是感到头上冒火，还是心头紧缩，抑或是呼吸不畅，四肢发软？通常情况下，不同的身体反应也对应着不同的情绪。愤怒是最有力量感的负面情绪，往往会有一种按捺不住、向外喷射能量的身体反应，例如：头疼、怒吼、特别想扔东西等；忧虑和焦虑的情绪则会出现流汗、心跳加速或肌肉紧张等反应，特别容易不自然地唠唠叨叨；抑郁、悲伤等情绪是能量最低的情绪类型，它们会让身体感到四肢发软、无力，提不起精神。

除了通过身体感觉觉察情绪的类型，情绪强度是另一个觉察的维度。如果用"情绪温度计"表示情绪的强度，你的情绪是几度？这再次强化了对情绪的看见，增强了理智脑对情绪的掌控程度。

一旦关注到情绪本身，情绪就得以驯服，家长也就有能力通过言语向孩子正确表达出自己的情绪了。案例中小硕的妈妈可以严肃地说："你没有拼好乐高，随意发脾气，还用乐高扔向弟弟，这令我很生气！你需要为这件事道歉！"当孩子听到家长这样的表达，能够接收到的信息有几点：

第一，妈妈的确生气了；

第二，是我随意发脾气，还用乐高扔向弟弟的行为让妈妈生气了；

第三，妈妈并没有否定我这个人，但我不可以做出这样的行为；

第四，妈妈需要我为这件事道歉。

显然，妈妈准确地传递了自己的意图，小硕也成功接收到了情绪信号，了解了妈妈对自己行为的态度，清晰了妈妈的边界。因为妈妈的情绪表达很清晰，孩子不需要猜测和怀疑。并且因为妈妈没有肆意指责和否定，这让孩子将自己的情绪控制在理智范围内，并有能力思考和判断。

再来分析一下妈妈表达情绪的这句话，"你没有拼好乐高，随意发脾气还用乐高扔向弟弟，这令我很生气！你需要为这件事道歉！"这里有四个关键要素值得注意：

第一，要给情绪清晰命名，避免孩子接收情绪信号出现偏差；

第二，要从"我"的角度说，有利于孩子从情绪的角度理解父母，激发他们的同理心，避免用"你……"的语言刺激孩子断开理智脑，失去思考和判断能力；

第三，说明产生情绪的原因，越细致越好，让孩子明确是自己的某些行为引发了妈妈的情绪，而非他这个人；

第四，提出希望，给孩子接下来的改进行为提供解决方案。

还需要提醒家长的是，在表达情绪时，除了言语之外，表情语气也要和情绪保持一致。如果你真的生气，就生气地表达好了，不需要做出和颜悦色的样子。记住，对孩子真正造成伤害的不是表达情绪，而是情绪表达得不够真实、准确和理性，这一点是需要家长多多练习的。

SEL 老师给您的建议

真实、准确和理性的表达情绪需要做到：先觉察再表达。觉察可以从情绪的类型、强度进行，这是重新启动理智脑的重要步骤；表达需要有四个关键因素：给情绪命名、从"我"的角度说、说明原因和提出希望。

孩子可以学到的 SEL 技能

会正确表达情绪的家长会让孩子拥有对父母的掌控感，他们知道什么行为会触发家长的情绪按钮，也知道自己的自由空间在哪里。这样的孩子一方面可以通过家长的情绪表达修正行为，另一方面又能获得心理的安全感。

家长每一次的理性表达情绪都在给孩子做示范。因为这样的表达一般不会触发孩子的理智脑断开，所以，孩子会在接收家长情绪的同时进行思考、判断和寻找解决方案，他们从中也学习到了如何理性地表达情绪，这为将来更为复杂的人际沟通奠定了良好的基础。

SEL大技能：

1. 会正确表达情绪的家长会让孩子拥有对父母的掌控感，他们一方面可以通过家长的情绪表达修正行为，另一方面又能获得心理的安全感。

2. 学习到如何理性地表达情绪，为将来更为复杂的人际沟通奠定良好的基础。

从"知道"到"做到",你还需要多多练习哦!

请你记录一个"表达情绪"的小案例,具体描述当自己有情绪时,身体有什么感觉,情绪的强度有多大,并且记录下表达情绪的语言和状态。孩子听后是什么反应?也可以记录下来。

表达情绪案例记录:

_____

_____

_____

_____

_____

_____

_____

这件事给你带来的思考是什么?请你记录下来,这将是一次可复制的成功经验哦!

反思和成长:

_____

_____

_____

_____

_____

_____

敲黑板：

家长的"情绪"怎么说

1. 爆发和隐忍都不是健康的情绪表达方式。爆发只是一种宣泄，既不能有效解决问题，还会破坏亲子关系；隐忍并不是冷静，而是一种假象，反而会让孩子产生怀疑、困惑。

2. 家长表达情绪有助于孩子建立健康的人际边界感，需要既不遮掩也不夸大的真实，确保相同原因产生相同情绪反应的稳定性。

3. 真实、准确和理性的表达情绪需要做到：先觉察再表达。觉察可以从情绪的类型、强度进行，这是重新启动理智脑的重要步骤；表达需要有四个关键因素：给情绪命名、从"我"的角度说、说明原因和提出希望。

　　恭喜你！完成了"表达彩虹桥"的第二站学习，又向"表达型父母"迈进了一步！

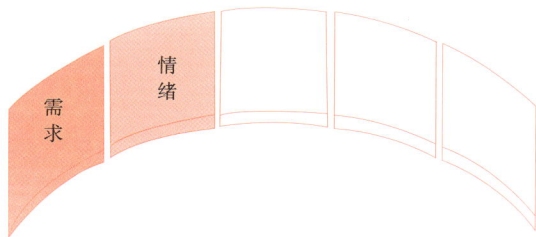

Chapter 16

家长怎样描述客观事实

"叮铃铃……"小胜的妈妈接起了电话，是班主任李老师打来的："小胜妈妈，您好！我跟您反映一个情况，今天孩子在数学课上玩橡皮，橡皮被数学老师没收了。您可以等小胜回家，跟他讨论一下这个问题。""好的，李老师，谢谢您！"妈妈看似平静地回应老师，心里却已经是一团怒火："这个孩子，上课又不听讲，也不知道怎么就这么贪玩。太不像话了，放学回来一定要好好教育教育他！"

妈妈下班回家，一进家门，小胜正在看电视。"好啊！上课不听讲，回家也不学习，这孩子简直不可救药！"妈妈一边念着心里的潜台词，一边怒火冲冲地关掉电视，大声呵斥着："别玩了！上课玩，下课看电视，你到底还上不上学了？不想上学就不要上了！"

小胜实在搞不清妈妈到底怎么了，他呆呆地站在那里，手里抓着一辆小汽车，不时地拨弄着车轮子。"还在玩！"妈妈继续怒吼着："老师给你告状，说你上课不听讲。你怎么就这么不爱学习？这么贪玩！"

"我没有上课不听讲，老师凭什么告状！"小胜瞬间感到委屈，他心里想：明明上语文课李老师还表扬我积极举手发言，怎么又告状说我不听讲？

"还嘴硬？你这不就是贪玩不学习吗？被我抓到了，还不承认！"

"呜呜……"小胜感到百口莫辩，无话可说，只好忍不住地哭了起来。

在描述这段场景时，我把自己换位于小胜，内心感到困惑、迷茫和委屈。到底发生了什么，妈妈有如此大的怒火？明明今天还为受到班主任的表扬而高兴，怎么就莫名其妙的变成了不听讲、不爱学习的孩子？

作为读者的你，能找到答案吗？作为旁观者的视角，我们可能会发现，问题就出在妈妈对老师电话内容的转述上。老师给妈妈描述的是一个事实——孩子上数学课玩橡皮，被数学老师没收了橡皮。而妈妈则把这个事实变成了评价——小胜上课不听讲，是个不爱学习的孩子。当妈妈带着这个评价回到家时，看到小胜在看电视，又一次坐实了这个评价，于是怒火中烧，便发生了案例中的一幕。

这里出现了两个名词，事实和评价。它们有什么不同，又会给亲子沟通带来怎样的影响？这就是这一章要与你探讨的问题。

事实还是评价

事实即事情的真实情况。班主任李老师反映小胜上数学课玩橡皮，被数学老师没收橡皮，这是数学课上真实发生的情形，是相对客观的反馈。评价呢？是指对一件事或任务进行评断、分析后的结论。很显然，评价是一种主观评断。妈妈将班主任老师反映的事实，结合自己对小胜的理解、想象，习惯性的给小胜贴上了"不听讲""不爱学习""贪玩"的标签。

一旦评价形成，在妈妈的大脑里就会把小胜纳入自己熟悉的认知体系中，用自动化的一套处理技巧来处理。这对大脑来说是节能的，不需要花费更多时间、精力和能量重新整合、思考、分析。从案例中来看，确实如此。当老师打来电话时，妈妈瞬间把小胜的行为纳入了熟悉的认知中：他一定上课不听讲、不认真学习。这个结论不需要思考、直接可用，它在形成的一瞬间迅速激发情绪，令身体进入战备状态，以寻求更多证据，发起最后的总攻。果不其然，心中已有锤子，就一定可以找到钉子。小胜看电视的举动恰好坐实了妈妈心中既定的结论，于是，一场熟悉的战争再次爆发。

这一系列动作都是妈妈大脑内部的习惯性流程，虽然不舒服，但却很熟悉。在不知不觉中，这个标签化的评价就把妈妈带入到了无意识的自动化反应状态，从而完全忽略了外部事实的真相。

这种通过评价进入自动化反应的过程，其优势在于省时、节能。但坏处是，它往往忽略现实世界的变化性，强行用固定的思维模式处理变化的问题，一方面丧失了解决新问题的灵活性和创造性，另一方面将被评价者强行卷入自己的思想控制中，进行侵入式的干预，引起其情绪和行为的对抗。

来看看小胜的表现。小胜身处在现实世界，他并不知道妈妈大脑中发生的这一切。这一天在学校里，他努力过也淘气过，成功过也失败过，经历了无数个事实。当妈妈把这一切用"不爱学习""贪玩"的标签定性时，他瞬间感到自己整个人都被否定了，那种委屈和不服就油然而生。于是，他也进入了战斗状态，他不想就这样被妈妈的思想控制，他想为自己争取公平和自由。

试想，如果妈妈接到老师的电话，没有快速形成评价，而是回家把这个事实如实地呈现给孩子，会是怎样不同的结果呢？妈妈可以说："小胜，今天我接到班主任李老师的电话，他告诉我你上数学课的时候玩橡皮，被数学老师没收了橡皮，是这样吗？"很明显，当妈妈在转述事实时，不像前面的表述那样的笃定，而是带着好奇在询问孩子，核实老师反馈的内容是否属实。

如果你是小胜，听到妈妈对事实的询问，会怎样回答？我的第一反应是，先想一想，是不是发生了这件事？当时是怎么发生的？然后从我的角度叙述事实："妈妈，其实我没玩橡皮。上课的时候我的橡皮掉在地上，捡起来的时候发现它脏了。于是，我就在桌子上擦了擦，老师以为我在玩，就把橡皮没收了。"

听了小胜的叙述，妈妈可能会发现，这与以往的判断是有偏差的。在听到老师和孩子双方的描述后，妈妈可以重新进行分析和判断。原来是一个小意外造成的误会，看起来不是什么大问题，大可不必深究，更不必上纲上线。同时，也可以借这次机会，帮助小胜学习处理这类问题。妈妈可以启发小胜："下次怎样做可以不让老师误会你呢？当老师没收了你的橡皮，你可以怎样跟老师说明？"

小胜曾经一定有过上课不听讲的现象，但这一次，事实发生了变化，自然应当以不同的方式处理。如果妈妈不像案例中那样采用简单的评价，而是采用描述性的语言转述事实，好奇地询问，就会创造出新的解决问题的办法，令结果完全不同，孩子也会更加真诚地与妈妈沟通。

> **SEL 老师给您的建议**
>
> 　　用评价处理问题，省时、节能，但会丧失解决新问题的灵活性和创造性，还容易引发孩子情绪和行为的对抗。只有呈现和了解事实，才能重新分析和判断，创造出新的解决问题的办法。

描述性语言——白描

　　在中国画绘画技巧中有一种手法叫作"白描"，指单用墨色线条勾描画物的形象，不加任何色彩的修饰，这种手法也被应用于写作。在前面的案例中，我大部分采用了白描的手法，把妈妈和小胜的语言、动作等用客观陈述的方式一一展现出来，尽量还原当时的场景。这样的好处是，不加自己的判断，把想象的空间留给读者。读者可以通过自己已有的经验，展开自己的分析、判断，做出属于自己的评判。

　　印度哲学家吉杜·克里希那穆提曾说过："不带评价的观察是人类智力的最高形式。"用描述性语言与孩子沟通有很多好处。

　　第一，描述事实不容易激发孩子情绪，容易让他保持在理智状态下继续谈话。每个人都不喜欢被别人评价，特别是负面评价。描述针对的是事，而评价往往针对人。

　　第二，描述性语言可以呈现更多细节，避免不客观的想象。评价只是抽象出来的一个标签，很多事实中的细节都被整合或者忽略了，但往往这些细节才是问题的关键。因此，多用描述性语言表达，可以尽量还原事实的真相和细节，便于重新寻找突破口。例如：孩子从外面推门回家，一脚碰倒了椅子，门也撞到了墙上，发出"嘭"的一声响。如果这段描述我只用"孩子生气地回到家"一句评价概括，会有什么不同？你大概只会用自己的经验想象"孩子生气"的样子，而完全不了解当时的细节。

第三，描述性语言可以减少家长自己的情绪，并对孩子的行为产生好奇。还是这个事例：孩子从外面推门回家，一脚碰倒了椅子，门也撞到了墙上，发出"嘭"的一声响。如果这样描述出来，作为家长，内心有什么感觉？大部分人会感到好奇：到底发生了什么？于是想要继续询问。但如果家长的脑海里已经有了"孩子生气了"这个评价，则会触发自己的情绪，生气、着急或是焦虑，于是急于做出行动解决孩子的"生气"问题。或许，孩子并没有生气，这只是一个意外。

第四，描述性语言会给孩子发展理智脑的机会，形成自己的思想。孩子来到这个世界，在他们眼里，没有好和坏，也没有对和错。他们睁大眼睛，用毫无挑剔、纯真无邪的眼光看待世界。他们注意和观察的只是事实，事实是什么，就接受什么，这些信息都是滋养他们心灵的营养。众多信息汇聚在孩子的大脑中，激发出各种情绪，也引发各种思考。慢慢地，他们的理智脑得到锻炼，将收集到的信息分析、判断和总结出自己的观点和评价。如果家长经常用描述性语言表达，给孩子呈现客观事实，就有更多机会锻炼他的大脑，使之成为思考和学习的机器，渐渐的，孩子也能拥有属于自己的思想和世界观、价值观、人生观。反之，如果家长总是给孩子灌输自己的观点和评判，孩子则丧失了发展自己思想的机会，成为家长世界观、价值观、人生观的傀儡。

SEL 老师给您的建议

使用描述性语言的好处：

1. 不容易激发孩子情绪，容易让他保持在理智状态下继续谈话；

2. 呈现更多细节，避免不客观的想象；

3. 减少家长自己的情绪，并对孩子的行为产生好奇；

4. 给孩子发展理智脑的机会，形成自己的思想。

描述加评价的表达

怎样用描述性的语言表达呢？基本的句式是："我看到……"或者"我听到……"。家长尽量用白描的词句把看到的和听到的描述出来。我们做个判断练习，区分一下，哪句话是评价，哪句话是白描。

1. 你每天起床都要磨磨蹭蹭的，你就不能快点吗？

2. 你今天起床洗漱花了 30 分钟时间，你能在 15 分钟内完成起床洗漱吗？

这两句话哪句是评价？哪句是白描？很显然，第一句话是评价。其中"每天""磨磨蹭蹭""快点"这些词，都是家长的评价，而非描述。当把"每天"换成"今天"，孩子才会感觉到你只是在说今天的事实，而没有以偏概全；把"磨磨蹭蹭"换成"洗漱花了 30 分钟"，孩子才明白家长心中的"磨蹭"到底对应的是多长时间；把"快点"换成"15 分钟内完成起床洗漱"，孩子才知道具体的行动方向。

再来做个练习。请你把下面这句评价换成白描。

你总是把玩具扔得乱七八糟的。

怎么样？感觉有难度吗？

练习中你会发现，我们平时说出的大多都是评价性的语言。想要尽可能地说出描述性语言，会感到特别的困难。这是需要练习的，只有有意识地练习，才能慢慢掌握。

有的家长会问，难道父母就不能说自己的评价吗？这样白描的说话不是要累死人吗？的确，家长当然有说出评价的权利，而且家长的评价也是帮助孩子修正想法和行为的重要标准。这里强调的是评价性语言比例不要过高，而且家长在表达的时候也要有意识地加以区分，至少让孩子清楚哪些是客观事实的描述，哪些是父母的观点和评价。

例如：前文案例中的妈妈，她可以对小胜说："今天我听到老师说你上数学课玩橡皮，被数学老师没收了橡皮。我认为你上课没有听讲，有点贪玩，是这样吗？"妈妈前面描述了事实，后面说明了自己的想法与小胜核实。这让小胜清晰地知道，这个评价只是妈妈的想法，并不意味着自己就是这样，如果不是这样，还可以向妈妈说明。而且，当妈妈表达这是自己的想法时，也就不那么绝对了，这里面更多表达的是一种猜测。

因此，我更倾向的表达方式是描述加评价，即"我听到（看到）……，我觉得（认为）……"。

SEL 老师给您的建议

家长对客观事实正确的表达方式是描述加评价，即"我听到（看到）……，我觉得（认为）……"。

孩子可以学到的 SEL 技能

　　家长常用白描的方式表达，孩子也更善于观察。他们会从家长的表述中，关注到事实本身，从而有意识地观察细节，获得更丰富和全面的信息。

　　家长能区分清楚事实和评价，孩子也能区分得清。他们拥有独立的思想，但不会把自己的想法和观点强加给别人，当然也不会轻易被别人的思想左右。

SEL大技能：

　　1.更善于观察，能从客观事实的细节中获得更丰富和全面的信息。

　　2.能区分清事实和评价，拥有独立的思想，但不会把自己的想法和观点强加给别人，也不会轻易被别人的思想左右。

GET

从"知道"到"做到",你还需要多多练习哦!

请你记录一个描述客观事实的案例,然后审视一下,你能把描述和评价区分清楚吗?

描述客观事实案例记录:

_____

_____

_____

_____

_____

_____

_____

这件事给你带来的思考是什么?请你记录下来,这将是一次可复制的成功经验哦!

反思和成长:

_____

_____

_____

_____

_____

_____

_____

敲黑板：

家长怎么描述客观的事实

1. 用评价处理问题，省时、节能，但会丧失解决新问题的灵活性和创造性，还容易引发孩子情绪和行为的对抗。只有呈现和了解事实，才能重新分析和判断，创造出新的解决问题的办法。

2. 使用描述性语言的好处：（1）不容易激发孩子情绪，容易让他保持在理智状态下继续谈话；（2）呈现更多细节，避免不客观的想象；（3）减少家长自己的情绪，并对孩子的行为产生好奇；（4）给孩子发展理智脑的机会，形成自己的思想。

3. 家长对客观事实正确的表达方式是描述加评价，即"我听到（看到）……，我觉得（认为）……"。

恭喜你！完成了"表达彩虹桥"的第三站学习，又向"表达型父母"迈进了一步！

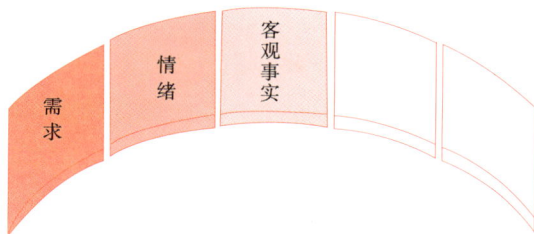

需求　情绪　客观事实

Chapter 17

家长怎样表达不同意见

一次家庭会议，参加成员有爸爸、妈妈、10岁的哥哥和6岁的妹妹，主题是讨论周末的一天怎么过。

哥哥：咱们去蹦床乐园吧！里面新增了篮球项目，听说可好玩了！

妈妈：就你一个人能玩，我和你爸爸在旁边看着怪没意思，妹妹也不爱玩，还不如去商场逛逛，吃喝玩乐都有。

妹妹：不去逛商场，我想去游乐场坐旋转木马。

哥哥：那有什么意思，不好玩，不去！还是去蹦床乐园。

妈妈：爸爸，说说你的想法，每个人都有权利表达自己的想法。

爸爸：要我说，咱们去吃海鲜大餐吧！听说新开了一家餐厅，我请客。

妈妈：吃什么吃，你不知道你的尿酸高，不能吃海鲜啊！不能去！还有没有其他想法了？

爸爸、哥哥和妹妹：……

妈妈：既然你们都没有好主意，那就去商场逛逛吧！就这么愉快的决定了！

家庭会议就这样"愉快"的结束了。请你把自己代入每个角色再来体会一次，这次会议令你感到愉快吗？是的，我和你有同感，我感到只有妈妈是愉快的。看似民主的家庭会议，充满了评价、否定，真不知道下次再召开这样的会议，爸爸、哥哥和妹妹还会积极表达自己的想法吗？

在我接触的很多家庭中，都是这样商讨事宜的，但效果很不好，开不了几次，家庭成员就不愿意表达了，甚至还在会议上产生情绪、引发争吵。有些父母抱怨中国家庭不适合开家庭会议。但我认为，这不是适合不适合的问题，而是家长并没有搞清楚开会沟通的目的，也没有掌握其原则，反而让表达不同意见的声音，变成了互相指责和否定的矛盾点。这一章我们就来谈谈，在家庭中如何表达不同意见。

家庭需要不同意见

生活中需要不同意见，也一定会有不同的想法和观点。在前文中我们说到，即使看到的事实相同，但经过每个人的大脑加工后，也会变成完全不同的观点和评价。这是由每个人不同的成长经历、不同的喜好和不同的大脑逻辑等因素决定的，因人而异、各不相同。人类想法的差别和长相一样，找不到两个完全相同的人，甚至想法的差异远远大于长相的差异。

家庭成员在一起生活，很多生活习惯、思维习惯都较为相似，但同样会有不同的需求和想法。就像案例中，爸爸想吃大餐、妈妈想要逛街、哥哥想玩篮球、妹妹想坐旋转木马，这些差异是不可避免的。试想，如果家中每个人都认同一种想法，没有任何异议，那该是多么单调的生活啊！

从人类进化的角度说，社群的意义就是可以碰撞出更多的方法和策略。远古时代的人类，白天打猎，晚上围坐篝火前交流心得、总结经验，想出更多解决问题的办法。正是因为每个成员的不同想法，拓宽了视野，丰富了经验，才得以生存和繁衍下去。单一的想法不可能解决所有问题，集体的智慧才更有价值，而每个人的想法也只有在集体中才能闪光。

家庭就是每个人最初的社群组织，也是表达不同意见的练习场。因此，家庭会议最重要的价值就在于，创造了一个可以表达不同意见的练习环境。每个成员不必在意权威，尽情表达自己的想法，为家庭贡献丰富的解决方案。在家庭中有了足够的练习，才能够在更大的集体中发挥优势。

当然，家庭会议只是练习表达不同意见的方式之一，如果家长了解了表达异议的重要价值，很多亲子沟通都可以成为练习的机会。

SEL 老师给您的建议

家庭中需要不同意见，也一定会有不同的想法和观点。表达不同意见，需要在亲子沟通中多多练习。

错误的表达异议

案例中的家庭会议之所以让人感到不愉快，其实是因为错误的表达方式造成的。错误的表达方式包括三个方面：**角色定位错误、言语措辞错误和表达时机错误。**

首先，说一说角色定位错误。家庭会议是一个民主表达异议的机会，既然定义为民主，就没有权威和地位之分。不管是爸爸、妈妈还是孩子，都拥有公平表达的权利，任何想法都不应该被否定或者嘲笑。很显然，在上面案例的家庭会议中，妈妈占据了主导位置，成为一言九鼎、不可动摇的主事人。其他成员的想法，一旦和妈妈的想法不一致，就被否定掉了。这让每个表达的成员感到压迫和无力，他们既体会不到贡献感，还往往会倍感无能，久而久之，就不愿意表达不同的想法了。慢慢的，也就更不相信家庭中可以表达异议，还不如一个人说了算，省事。

还有一种现象我也不主张，就是万事都要征求每个人的意见。例如：是否生二宝的问题，有些父母把生二宝的决定权交给孩子，把孩子放在领导位置。如果孩子表达出不同的意见，就坚决不生。这种做法的风险在于，孩子参与决策父母的事，造成边界不清、角色混乱。孩子过早的承担不该承担的家庭责任，并不利于其人格完善和健康成长。

因此，表达不同意见要区分什么事情。有些事是父母之间的，不必听从孩子的意见；有些事是孩子自己的，家长可以表达不同意见，但不要强迫孩子顺从；有些事是家庭成员共同的，则要听听每个人的想法；当然，也有很多事，需要家长为孩子做主，甚至命令他执行。总而言之，不同的事情，不同的角色和定位，把握好这一点，家庭中才能保持求同存异的局面，既有互相认同，又不乏精彩的想法碰撞。

第二，再说说言语措辞的问题。回看案例中妈妈的这句话："就你一个人能玩，我和你爸爸在旁边看着怪没意思，妹妹也不爱玩。还不如去商场逛逛，吃喝玩乐都有。"前半句是对哥哥意见的否定，后半句是表达自己的想法。表达自己的想法没有错，但先否定他人的想法是错误的。既然这是一个专门表达异议的环境，就意味着每个人的想法都被允许。这种先否定他人的言语，往往会让上一位表达者感到是对自己人格的攻击，从而引发情绪。

还有一种常见的表达异议的言语习惯，也不得不说，那就是"……但是……"的句式。很多父母常常这样表达——孩子想吃雪糕，妈妈说："雪糕很好吃，但是你昨天咳嗽了，不能吃。"孩子考试成绩不错，爸爸说："这次成绩的确不错，但是不要骄傲啊！赶紧去写作业。""我知道你玩得很开心，但是……""我听到你说的话了，但是……"。把自己当作孩子体会一下，父母在用"但是"表达什么？他们只是在表达自己的不同意见，还是试图把"但是"当作橡皮，将前半句与你相关的话统统擦掉，强行植入他们的想法？

因此，如果家长确定这是一次想法的碰撞和讨论，就要尽可能接纳孩子的想法，不要随意说"但是"。如果这是命令，需要孩子执行，那么请直接说出要求，不要以讨论的口吻强迫孩子。

第三，要说的是表达时机的错误。即使家长很重视表达异议的角色定位和言语措辞，但有时，孩子仍然会认为你的意见是批评，是对他想法的否定，依然会产生抵触情绪，难以听进你的话。这时，就可以选择先不说。不是不敢说，也不是不需要说，而是时机尚不合适。

家长可以让孩子先按照自己的想法体验，等他有所感悟再表达自己的看法。例如：今天天气变凉，孩子就是不想穿外衣。家长尝试表达想法后，孩子还是不愿接受。这时，家长可以先允许孩子体验外面的温度，同时带好外套；当孩子确实感到冷了，再拿出外套给他穿上，告诉他你是怎么判断天气和穿衣的。

孩子有情绪的时候不是表达异议的时机。这时的孩子，理智脑是不在线的，他没有办法理解父母不同的意见是为他着想。我和上高中的儿子就发生过这样的问题。我看他做数学题有困难，十分烦躁，为了帮助他，就提议找个老师给他辅导。可谁知，他却暴怒地表达："我就不信搞不定，一有问题就找老师辅导，这不是说明我太蠢了吗？"这时我才意识到，他正处在自我否定的情绪里，我的这个建议无疑是雪上加霜，伤害了他的自尊心。等他情绪平复了再说吧！过了几天，我俩聊起了学习的事，我再一次提出找个老师辅导他数学的想法，他想了想，就欣然同意了。

SEL 老师给您的建议

错误的表达异议有三个方面：角色定位错误、言语措辞错误和表达时机错误。

正确表达异议

那么，如何正确表达异议呢？给大家两个建议。

1. 把转折关系的表达变成并列关系。家长不要用"但是"突出自己的想法，而是承认孩子的表达是有道理的、是值得肯定的。家长的表达和孩子的是并列的，只是不同想法的呈现而已。

不妨来练习一下，看看有什么不同的感受。

孩子想吃雪糕，妈妈说："雪糕很好吃，但是你昨天咳嗽了，不能吃。"把它改成并列关系的语言："的确，雪糕很好吃。我的想法是，你昨天咳嗽了，好像不能吃。"作为孩子，听起来有不同的感受吗？

再来一个。孩子考试成绩不错，爸爸说："这次成绩的确不错，但是不要骄傲啊！赶紧去写作业。"把它改成："这次成绩的确不错。爸爸的建议是，成绩好也不要骄傲，继续努力吧！"

改过来的两句话中，父母先肯定了孩子的想法和行为，然后说明接下来是我的想法和建议。这种表达形式统称为"yes……and……"句式，不仅适用于亲子关系，在夫妻关系、同伴关系、职场关系中，都不妨试一试。

2. 专门设置"头脑风暴"环节，遵循"不讨论""不评价""不解释"的"三不"原则。 这个方法适用于前面案例中的家庭会议，开会之前，主持人可以先说明："今天我们的讨论主题是……，每个人有权表达自己的想法，其他人遵循不讨论、不评价、不解释的原则。"这种专门的设置，会让表达者感到安心和安全，也有利于拓展新思路，获得意外收获。

采用这种方法需要注意三点：

（1）要重视每个人的想法，轮流表达，直到穷尽，最好把所有想法都记录在纸上。

（2）众多方法呈现出来，还要通过排除、择优投票等方式确定最终方案，这个规则需要提前说明。

（3）家长要确定心中没有既定答案，允许任何方案产生，并且都要按照规定执行。

例如：前面案例中，家庭会议最终决定，所有人和哥哥一起去蹦床公园，那么大家就要一起执行。如果家长还有担心，可以提出异议继续讨论："如果去蹦床公园，我和爸爸可以做什么？妹妹感到无聊怎么办？"促使每个人在统一的方案下，继续头脑风暴，提前应对可能发生的问题。

SEL 老师给您的建议

正确表达异议的两点建议：第一，把转折关系的表达变成并列关系；第二，专门设置"头脑风暴"环节，遵循"不讨论""不评价""不解释"的"三不"原则。

孩子可以学到的 SEL 技能

在家庭中敢于表达不同意见的孩子，在学校团体和社会团体中也同样敢于表达不同意见。他们会积极参与团队中的讨论，提出自己的建议和意见，并且容易成为团队的组织者和领导者。

不仅敢表达，孩子还会表达，他们能熟练应用"yes……and……"句式与人交流，既能直抒胸臆，又能尊重对方。这样的孩子显示出高情商的沟通技能，也是受众人喜爱的沟通高手。

SEL大技能：

1. 在家庭中敢于表达不同意见的孩子，在学校团体和社会团体中也同样敢于表达不同意见，他们更容易成为团队的组织者和领导者。

2. 不仅敢于表达，还会表达。他们能熟练应用"yes……and……"句式与人交流，显示出高情商的沟通技能。

从"知道"到"做到",你还需要多多练习哦!

请你记录三个用"yes……and……"句式表达的例子,感受一下与"but"的表达方式有什么不同,结果又有什么不同?

"YES……AND……"句式表达记录:

_____

_____

_____

_____

_____

_____

_____

这样的表达给你带来的思考是什么?请你记录下来,继续复制这些成功经验。

反思和成长:

_____

_____

_____

_____

_____

_____

_____

敲黑板：

家长怎样表达不同意见

1. 家庭中需要不同意见，也一定会有不同的想法和观点。表达不同意见，需要在亲子沟通中多多练习。

2. 错误的表达异议有三个方面：角色定位错误、言语措辞错误和表达时机错误。

3. 正确表达异议的两点建议：第一，把转折关系的表达变成并列关系；第二，专门设置"头脑风暴"环节，遵循"不讨论""不评价""不解释"的"三不"原则。

恭喜你！完成了"表达彩虹桥"的第四站学习，又向"表达型父母"迈进了一步！

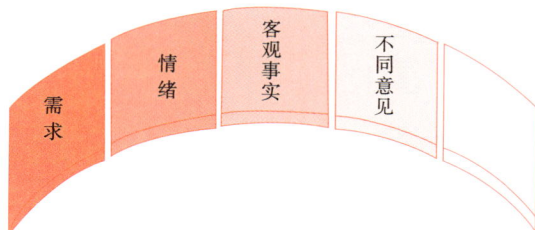

Chapter 18

家长不应该跟孩子说哪些话

3岁的小小，个子不高，但就是喜欢爬高上低。这不，一不留神，又爬上了一个高高的台阶，想要往下跳。妈妈大声吼叫"不可以！"小小定了定神，看了看妈妈，趁妈妈不注意，还是"咣"的跳了下来。妈妈气得大叫："多危险啊！说不让你跳，你非要跳，摔着怎么办？"可小小呢？好像没事儿一样，乐呵呵地玩去了。妈妈一脸的无奈。

类似的事情也发生在14岁的哥哥身上。妈妈三令五申不可以去网吧打游戏，可哥哥一拿到零花钱，总要和同学小王到网吧过个瘾。妈妈说了很多次，但是不奏效。甚至他们去网吧玩还不告诉妈妈，撒谎说到小王家去写作业。有一次妈妈很生气，再一次对哥哥发了火："为什么我说的话你从来都不听？非要到网吧去玩游戏，那里都是些不学习的坏孩子，你也跟着学坏怎么办？再说那个小王，他就不是什么好学生，天天带着你鬼混，都把你带坏了。以后绝对不允许和他在一起！"哥哥本来已经习惯听妈妈的唠叨了，对于玩游戏的事嘴上不说，但心里早就有了对策。可今天妈妈不仅禁止他玩游戏，还把同学小王也全盘否定了，这让他的怒火瞬间爆发出来："我凭什么不能和小王玩？你凭什么说他是坏孩子？每次都是我叫他去玩的，你要骂骂我，不许说小王的坏话！"

读到这里，作为父母，是不是也回想起了和孩子的某些经历？在陪伴孩子成长的道路上，很多话跟孩子说了也是白说，甚至还会引发家庭大战。我们用尽心思，却经常踩在孩子的雷区上。前面几章一直在教家长朋友怎么跟孩子说话和表达，这一章我们来谈谈，什么话是不应该和孩子说的。在学习说话技巧的同时，把握住底线也是十分重要的。

　　为了增加这一章内容的科学性，我选取了美国心理学家埃里克森的人格发展理论（见知识窗）作为知识基础，从孩子心理发展的五个主要阶段进行说明。基于这一理论，我认为，家长之所以会在亲子沟通中踩雷，是因为对孩子的人格发展规律一无所知造成的。孩子在每个年龄段都有其心理发展任务，不同的表现只是在为人格发展奠定基础。如果家长缺少这方面的认知，按照成人的思维随便发言，不仅会引起孩子无意识的反抗，还会干扰到孩子的心理成长，甚至形成阻碍他们正常人格发展的社会环境。

● 知识窗 ●

埃里克森，美国著名的发展心理学家和精神分析理论家，他认为，人要经历八个阶段的心理社会演变，包括四个童年阶段、一个青春期阶段和三个成年阶段。每一个阶段有这些阶段应完成的发展任务，并且每个阶段都建立在前一阶段之上，这八个阶段紧密相连。

如果，社会环境（包括家长）给孩子提供了积极的环境支持，个体就能顺利度过这个发展阶段，走向下一个阶段，形成较为完善的人格；反之，如果社会因素是消极的，个体在这个阶段的危机不能得到有效处理，就会影响到下一个阶段的顺利度过，进而影响人格的健康发展。

　　这也就是前面案例中，为什么妈妈说什么孩子都不听的原因。这一章的主要任务：通过了解孩子的人格发展规律，找到和孩子亲子沟通的底线。

0～1.5岁，婴儿期

　　这个阶段的孩子，任何不好听的、能够传递负面情绪的语言都不要说，特别是妈妈。这个时期孩子最为孤弱，他们需要成人完全的照顾，他们不仅在生理上需要妈妈的照顾，还需要情感上的呵护与关怀。当他们因为饥饿、寒冷、孤独而啼哭时，就是在召唤妈妈。如果妈妈能以慈爱的方式及时满足这些需要，孩子就会对自己、环境和世界形成基本信任感；如果妈妈拒绝满足需要或者传递厌烦和愤怒等情绪，他们就会形成不安全和不信任感。及时满足孩子的需要这一点尤为重要，将为孩子建立健康的依恋关系、形成充满自信的人格奠定最坚实的一步。

因此，如果你是这个阶段孩子的妈妈，就要学会控制自己的情绪。纵然初生孩子有很多的困难，给妈妈身体带来各种不舒服的感受，但也要在面对孩子时，无比耐心和充满阳光。只要孩子哭闹，妈妈就要第一时间放下手里的事情，面带微笑地给予关注。美丽的表情、温暖的抚触、及时地满足需要，都是在向他展示世界的美好，帮他建立信任世界的内心力量。这样被呵护长大的孩子，也会对自己和世界充满希望。

当然，这一点对于妈妈来说是很不容易做到的。在把一切美好给到孩子的那一刻，妈妈也有很多负面情绪需要被呵护。这个时候就是爸爸的主要任务了，虽然爸爸不需要像妈妈一样照顾宝宝，但却需要全身心的照顾妈妈，给妈妈创造出舒适的生理和心理环境，支持妈妈为孩子的付出。

SEL 老师给您的建议

0～1.5 岁婴儿期的孩子，任何不好听的、能够传递负面情绪的语言都不要说。妈妈需要尽一切努力给孩子呈现出美好世界的样子，帮助他们建立基本的安全感和信任感。而爸爸则需要在生理和心理上支持妈妈，给予妈妈最大的照顾和关怀。

1.5～3 岁，幼儿期

这个阶段的孩子，家长切记少说"不可以"，也就是说，在孩子安全的底线内尽量让孩子自主探索。随着身体的发育，这个时期的孩子迅速学会了许多技能，爬、走、推、拉和交谈等，这些本领让他们的内心产生一种动力，想要摆脱外界的约束，显示自己的力量。他们总想爬上爬下，发现新的好玩的东西，创造新的有趣的玩法，从而体现自己是独立的个体，因此也最不愿意听成人说"不可以",也特别爱说"不"。这个阶段通常被大人称为叛逆期,前面案例中 3 岁的小小就是这样。但这种"不听话"恰恰是人格健康发展的关键,有利于孩子拥有自主意识和对世界充满掌控感。如果这时总有一个声音传来:"不可以!"孩子的心里就会对自己的探索感到羞怯和怀疑,从而产生内在的矛盾冲突。

如果家长的"不可以"太多,不管是温柔地说:"宝贝,这件衣服你自己穿不上,让妈妈来帮你。"还是严厉地说:"孩子,不可以自己拿杯子喝水,打碎了杯子妈妈就不喜欢你了!"这些语言,都会让孩子丧失自主控制和自我约束的能力,从而无法形成"自我意志"品质。关于"意志"的意义,埃里克森是这样解释的——进行自由决策和自我约束的不屈不挠的决心。

这个时期的孩子教养问题是我最为担心的。我看到大量的家庭因为过于珍惜孩子,放弃了让他们体验自我控制的机会。父母们时时刻刻看着孩子,不肯放松一步,恨不得捆在裤腰带上,包办代替他们所有可以自己尝试的事情,甚至连大小便这样的事情,都需要家长来固定时间。这对于孩子来说,就是在告诉他们:"你是一个废物,什么都做不了。"

很多害羞的孩子,对外部环境很怀疑、退缩、不敢尝试,可能就是在这个年龄段听到了太多的"不可以!"因此,在这个年龄段,父母要多说"孩子,你可以试一试。""宝贝,你又创造了一种新玩法,特别棒!""妈妈在保护你,你别担心。"如果的确是有危险的东西,就不要让孩子看得到、摸得着,其他新鲜事物不妨在家长的保护下允许孩子看一看、摸一摸、玩一玩。

案例中的小小爬到高台阶上往下跳,就是想体验"我很有能力"的感觉。妈妈正确的做法是告诉他跳的正确动作及保护措施,还要站在旁边加以保护,直到孩子勇敢地跳下来,再给他一个拥抱,肯定他的能力。如果台阶太高,的确超出了孩子的能力范围,妈妈可以一只手拉着他,降低跳下来的难度,并告诉孩子,下次想跳的时候,一定要告诉妈妈,请妈妈保护。

1.5 ～ 3 岁的幼儿家长切记少说"不可以"。家长要在排除危险隐患的前提下，鼓励孩子尝试新鲜事物，让孩子建立起自主意识，形成意志品质。

3 ～ 6 岁，学龄初期

这个阶段的孩子，不可以随便说他"撒谎"，也不可以对他的任何创造提出质疑，或者讥笑孩子的创造物。为什么这么说呢？埃里克森说，这个时期的孩子更多的进行各种活动，直觉和行动更加精细化，也能更精确地运用语言和生动的想象力。这些技能使孩子们萌发出各种想法、行为和幻想，特别是幻想能力，急剧增加。如果你家有这个阶段的孩子，经常会听到他们把一些很不现实的想法认认真真地说给你听。比如：有的孩子说他是从白雪公主的世界来当孩子的。还有的孩子把幼儿园里没有发生的事情，说得和真的一样的："今天谁谁下课的时候拿走了我的橡皮，我问他要，但他不给我，还动手打我。后来老师把他带走了，还狠狠批评了他。"但当家长调查后，发现并没有这么回事。

遇到这种情况，很多家长都特别担心，认为孩子学会了撒谎。其实不然，这只是孩子的想象力和创造力骗了你。他们在脑海中构建出复杂的生活场景，演练着适应这些场景的应对策略，一方面发展着创造力，另一方面则在学习社会规则，形成道德品质。

如果父母接纳他的这种创造性特点，回应他说："是嘛！你是从白雪公主的世界来的呀！那里是什么样子呢？给我讲讲看。"或者说："这个有人打你的故事是不是你想象出来的呀？真是很有创意，着实让妈妈好担心。下一次真有人拿你的橡皮，你知道可以怎么做吗？"这样，孩子不仅感到被妈妈鼓励，还能区分开想象与现实世界，同时还保留了创造性，发展出未来宝贵的创新能力。

如果父母讥笑孩子，或认为他是在"撒谎"，批评或惩罚了他，孩子就感到自己的独创性行为和想象力不被认可，慢慢地丧失自信心和自主性。并且他们那些曾经冒出来的无厘头的想法和行为，也会让自己感到"内疚"，驱使他们向没有主见、不敢突破自己的"听话孩子"发展。

我身边有很多成年人都习惯生活在被别人安排好的生活圈子里，不敢突破、无法创造、心中压抑，但又没办法挣脱。也许就是在这个发展阶段，被扼杀掉了想象和创造的胆量和信心。我曾经有一个同事，很有才气，也想突破自己实现理想。可是，每到该做出突破性的决定的时候，他就胆怯和退缩回熟悉但不喜欢的生活圈子中。曾经我也想拉他一把，但现在我明白了：什么外力都没有办法克服心理枷锁带给人的束缚。

SEL 老师给您的建议

　　3～6岁学龄初期的孩子不可以随便说他"撒谎"，也不可以对他的任何创造提出质疑，或者讥笑孩子的创造物。他们通过想象力，一方面发展着创造力，另一方面则在学习社会规则，形成道德品质。

6～12岁，学龄期

这个阶段的孩子，坚决不能说"你真笨""你不行""你太懒惰了""你怎么不如别人好"这样否定的语言。这个时期的孩子，智力得到不断发展，逻辑思维发展迅速。他们开始进入小学，在学校里学习专门的知识和技能，为未来成为对社会有贡献的人做好准备。埃里克森说："儿童在这一阶段所学的最重要的课程是体验以稳定的注意和孜孜不倦的勤奋来完成工作的乐趣。"这说明他们需要培养的是稳定的注意力和学习过程带来的勤奋感和快乐感。

我们都知道，孩子们进入小学后，面临的学习挑战是非常巨大的。他们最需要的是来自父母、同伴和老师等重要他人的积极关注和鼓励。如果孩子获得了支持的力量，就可以获得勤奋感，使得他们在今后独立生活和承担工作任务中充满信心。他们会明白今天的勤奋和努力，将会为未来的人生做好准备。

反之，如果孩子在家里和学校都不能获得这样的支持和鼓励，他们每天听到的都是否定的语言——"你真笨""你不行""你太懒惰了""你怎么不如别人好"，有些孩子就会对勤奋产生怀疑，觉得任何勤奋和努力对自己都是没用的，就会放弃对勤奋的追求，丧失信心，产生自卑感。

我在教学一线工作了 20 年，见到的孩子无数，这样的例子有很多。用绝对一点的观点来说，我认为，所有的孩子都不笨，他们之所以不爱学习或者学习成绩不好，大多数都是因为没有得到充分的认可和鼓励，从而逐渐走向自暴自弃，甚至不相信自己还可以"有用"。

SEL 老师给您的建议

6 ～ 12 岁学龄期的孩子不可以随便否定他的能力，他们需要家长、同伴和老师等重要他人的认可和鼓励，从而专注于学习，并从学习中获得勤奋感和快乐感。

12 ～ 18 岁，青春期

这个阶段的孩子，不能像管小孩子一样让他听话，也不能随意诋毁他的同伴。听起来是不是和 3 ～ 6 岁的孩子很像呢？是的，这个阶段是孩子自性化再次爆发的时期，他们不仅在心理上有再次确认"我是谁"的需求，在身体力量上也足可以和父母抗衡。如果父母总是像管小孩子一样教育他"这样不对，那样不行"，就会激发他们的叛逆情绪与行为。前面案例中的 14 岁的哥哥就是这样，妈妈不想让他去网吧打游戏，简单粗暴地管制他，但哥哥根本不吃这一套，因为他已经有足够的能力"我行我素"。

关于青春期孩子再次确认"我是谁"的需求，埃里克森用"同一性整合"的概念来解释。我的理解是，孩子在这个时期需要重新整合自己对自己的认识和客观世界对自己的认识，最终形成完整成熟的自我。说得更明白些，就是他们内心有一部分是主体我——"I"，他相信自己的想法是正确的，他希望自己的"I"可以主导一切；但还有一部分的客体我——"Me"，是集合了外界十几年以来对自己的评价。这两者很多时候是矛盾的、冲突的。

例如案例中的哥哥，他的"I"想要主导身体，体验潇洒打游戏的经历，但"Me"却说这样是不对的，要好好学习。即使妈妈不说他，他的内心也一定有两个声音在斗争。如果妈妈再从外部加大压力，则有可能激发"I"的斗志，不顾一切地遵从"I"的意志。

所以，青春期的孩子家长尽量少提要求，不要总是告诉他这个不对、那个不行，而要充分尊重他的"I"，相信和允许他在试错的过程中反思和学习，逐渐找到"I"与"Me"的平衡点。

除此之外，案例中的妈妈还否定了哥哥的同伴，这让哥哥按捺不住怒火，跟妈妈争吵起来。这又是为什么呢？青春期的孩子还有一个重要的发展任务就是完成和家庭的分离。这就意味着，父母对他们来说已经不是重要的依赖对象了，他们更依赖同伴，渴望在同伴团体中建立亲密的友谊。

因此，青春期的孩子是不允许家长诋毁他的朋友和同伴的。父母不要随意评价孩子的同伴，反而应该支持他们在一起，引导他们从同伴身上认识自己、提升学习能力、获得支持。有一次我儿子想要和同学到网吧打游戏，他爸爸就陪同着他们一起去玩，几个孩子开心地过了一个下午，体验充分了，以后也就不再想去了。

SEL 老师给您的建议

12～18 岁青春期的孩子不能像管小孩子一样让他听话，也不能随意诋毁他的同伴。家长要充分尊重他的"I"，相信和允许他在试错的过程中反思和学习，逐渐找到"I"与"Me"的平衡点。同时，要支持他们和同伴在一起，引导他们从同伴身上认识自己、提升学习能力、获得支持。

不要过于担心

讲到这里，有的家长可能会很困惑和为难：这也不能说，那也不能说，是不是一旦说错话，就会给孩子带来伤害呢？其实，任何父母都不可能做到完美，孩子的成长也不需要十分完美的父母。埃里克森在他的人格发展理论中，提醒我们注意三点：

1. 父母对孩子的影响通常是积极和消极共同存在的，只要积极的比例大于消极的比例，就能够让孩子顺利度过这一阶段。例如：婴儿期的孩子，虽然提倡任何不好听的、能够传递负面情绪的语言都不要说，但作为养育者的妈妈也有力不从心的时候。即使全心照顾孩子，也不可能猜测到孩子所有的需求，尤其一些"难养型"的孩子，就更容易让妈妈产生疲惫感和焦虑感。因此，父母只要在有意识的情况下，尽可能地增加积极影响，降低消极影响就可以了，这依然可以保证孩子人格的健康发展。

2. 如果上一个阶段孩子没有发展好，在后一个阶段是可以弥补的。这就像孩子上学，一年级考试成绩不佳的孩子，到了二年级，又有新的学习任务，成绩也可能会是优秀。而且在学习二年级的知识时，一年级的知识还可以补上来。我们在给孩子教授社会与情绪课程的时候，发现有些孩子虽然已经小学二三年级，但依然像学龄初期孩子一样，善于想象，喜欢把脑海中幻想的故事讲给老师听。老师意识到这是孩子在弥补上个阶段的发展任务，就不会轻易打断孩子的想象，允许他们充分表达，陪伴他们完成未完成的发展任务。

3. 这五个阶段的年龄划分不是严格起止的，每个孩子都有不同的发展节奏。孩子是否顺利度过每个阶段，要通过观察他们的行为表现来判断。家长千万不要仅从年龄判断，错误地认为只要到了这个年龄就一定进入下一个阶段，也不要因为自己的孩子发展相对缓慢，就过于焦虑。两个阶段之间的衔接是循序渐进的，甚至要通过漫长的时间周期才能完成过渡。

从"知道"到"做到"，你还需要多多练习哦！

请结合本章内容记录几次正确的沟通过程，体会孩子听到你的表达，有什么不同的反应和变化。

正确沟通记录：

_____

_____

_____

_____

_____

_____

_____

_____

这些沟通给你带来的思考是什么？请你记录下来，这将是一次可复制的成功经验哦！

反思和成长：

_____

_____

_____

_____

_____

_____

敲黑板：

家长不应该跟孩子说哪些话

1. 0～1.5 岁婴儿期的孩子，任何不好听的、能够传递负面情绪的语言都不要说。

2. 1.5～3 岁幼儿期孩子的家长切记少说"不可以"。

3. 3～6 岁学龄初期的孩子不可以随便说他"撒谎"，也不可以对他的任何创造提出质疑，或者讥笑孩子的创造物。

4. 6～12 岁学龄期的孩子不可以随便否定他的能力。

5. 12～18 岁青春期的孩子不能像管小孩子一样让他听话，也不能随意诋毁他的同伴。

恭喜你！完成了"表达彩虹桥"的第五站学习，你已经成为"表达型父母"啦！

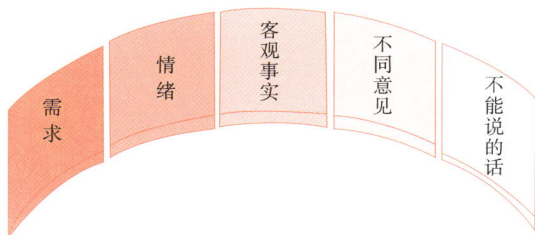

PART 4
必备的亲子沟通技巧

Chapter 19

家长要不要跟孩子道歉

爸爸忙碌了一天，晚上 8 点才回到家。本想着可以休息休息，结果一进门，就听见姐姐正在训斥弟弟，惹得弟弟哇哇大哭。爸爸听到吵闹声和哭闹声，心头一阵怒火："真是烦死了！到底什么事闹得鸡飞狗跳？"姐姐不依不饶地大喊："他动了我的玩具，还把它弄坏了！""行了！多大点事儿！"爸爸更是生气了，上手推了姐姐一把，姐姐摔倒在沙发上，也呜呜哭泣起来。

妈妈早就被姐弟俩弄得不知所措，看见爸爸又推倒了姐姐，急忙跑出来劝说爸爸："你怎么能打孩子呢？当爸爸的，给孩子道个歉吧。"爸爸正在气头上，听见让自己道歉，更是火冒三丈："凭什么让我道歉，她就没错吗？当爸的还要给孩子道歉，哪有这么个道理？"

妈妈说不过爸爸，可想起刚刚从育儿书籍上学习到的内容，打骂的方法会伤害到孩子。这可怎么办？她担心爸爸的行为会伤害姐姐，赶紧抱起姐姐，给她擦擦眼泪，说："妈妈替爸爸给你道歉，他这样做不对，你别哭了。"

今天我们要谈的话题是"到底家长要不要给孩子道歉呢？"思想传统一点的家长认为，大人为什么要向孩子道歉？这是什么道理？他做错了，我就应该教训他。学习了一些新的教育理念的家长则认为，平等的亲子关系才更重要，家长本就不该通过打骂教育孩子，做错了是需要向孩子道歉的。

其实，两方各代表了不同的教育观点，我们当然不能简单的评判对与错，而要结合实际情况，深入而辩证地看待道歉。

道歉不等于承认错误

先说说道歉这件事。你觉得为什么要道歉呢？大多数人的答案是：做错事了。可是仔细想一想，难道道歉就意味着做错事吗？到底什么事算错事呢？晚上九点多给老师打电话，你总要先说一声"对不起，打扰您了"，这算做错事吗？公交车上很拥挤，你不小心踩了旁人一脚，赶忙说声"对不起"，这算做错事吗？显然，这些不是什么错误，只是某些行为可能影响到对方的感受，我们会客气地道一声"对不起"。

到底什么事算错事呢？我认为错误这个概念很难界定。在日常生活中，每个人对事情的要求不同、感受不同、道德评判标准也不同，对错误的界定也很不同。孩子在家里开心地玩耍，大声喊叫着，影响了正在午睡的爷爷；老师留了作业，但学生不小心忘记了，第二天被老师发现；上课的时候，小李的自动铅笔掉在了地上，刚好被同桌踩了一脚，自动铅笔坏了，不能再用了……这些情景中，爷爷、老师和小李可能认为对方做错事了，但玩耍的孩子、忘记写作业的学生和刚好踩到自动铅笔的同桌却不一定认为自己有错。他们并没有故意做出伤害他人的行为，只是在互动过程中，不小心影响到了对方的感受而已。

仔细想一想，生活中很多错误都不是故意造成的，基本上都是一些无意之举，说不清谁对谁错。只是这些无意之举，令对方产生了糟糕的感受，可能会影响关系。因此，为了令双方感受好起来，我们可以用道歉来修复关系，让事情不再向着更糟糕的方向发展。

如此理解，道歉其实不是承认错误，道歉是在为双方的感受和关系负责。如果从这个角度理解，案例中的爸爸，就会更愿意向姐姐道歉。但可惜的是，传统的教育观告诉爸爸，道歉就证明自己错了，是懦弱的表现。他害怕道歉令自己的父亲形象颜面扫地，也害怕因此失去在孩子面前的权威，拒不道歉。

193

爸爸认知上的盲区，让他把道歉这件事想象得太过可怕，但事实并不一定如此。

试想一下，如果你是姐姐，看到爸爸主动为自己的行为道歉，你会怎么看待他呢？相信，多数人都会敬佩爸爸的行为，被他的勇气所打动。是的，我认为能够主动向孩子道歉的家长，一定具有同理心，能同理到孩子的难过。他们也一定拥有自信和勇气，好父母的形象不会因为一次道歉而被抹杀，相反还能在孩子心中加分。

一般来讲，在家庭中，愿意用主动道歉来修复关系的成员更显得自信和成熟。你是这样吗？

SEL 老师给您的建议

道歉不是承认错误，道歉是在为双方的感受和关系负责。一般来讲，在家庭中，愿意用主动道歉来修复关系的成员更显得自信和成熟。

道歉是力量而不是自责

既然道歉不是懦弱的表现，而是内心有力量的行为。那么在亲子关系中，是不是就意味着只要家长发了脾气，就该向孩子道歉呢？案例中的妈妈担心爸爸的行为会伤害到孩子，于是满怀自责地向孩子道歉。我认为这也是大可不必的。

孩子出生在家庭中，与父母朝夕相处。他们享受着家庭带来的温暖，也必然会与父母产生情感冲突，这些都是再正常不过的。而且家长的权威性在孩子心中本就是神圣不可逾越的，他们小时候依赖于这种权威，获得自信；成长到青春期又通过与这种权威抗争，感受自己的力量。因此，事实上，孩子是需要父母的权威的。甚至说，他们需要家长适当地发脾气，发展自我、学会规则。

试想，如果家长总是小心翼翼地照顾孩子的感受，生怕一不小心发脾气就伤害了孩子，动不动就充满内疚地向孩子道歉，这反而会让孩子背负上更大的心理负担。父母在孩子面前呈现出过于羸弱的状态，让孩子期待依赖的理想权威没有了力量，当他们看到自己的行为总是让父母这样"卑微"时，内心也会生出深深的愧疚感。在他们的潜意识中，认为都是自己的错害了父母，带着这种深藏在心中的愧疚，他们不敢放心大胆地做事情，行为上也容易畏手畏脚，生怕再次伤害父母。

有的家长会问，有这么严重的后果吗？依照精神分析理论，在临床咨询中，很多青春期孩子之所以出现弃学、抑郁等心理问题，都与这种深藏在心中的愧疚感有关。当然，这种愧疚感的产生有很复杂的原因，这里说的道歉行为，只是可能造成这种心理问题的因素之一。

父母带有自责的道歉除了引发孩子的内疚感，也会让孩子形成"用弱小换取利益"的错误行为模式。当家长总是对孩子怀有内疚之情，就会不自然地做出一些弥补和代偿行为。案例中的妈妈对女儿深怀内疚，道歉的同时抱起她给予安慰，却全然忘记女儿也有不当的行为，给爸爸和弟弟带来了糟糕的感受，这种原谅就是一种对内疚之情的弥补行为。孩子一旦发现被爸爸骂可以获得妈妈"独有的爱"，就有可能继续利用妈妈的这种心理，以后重复惹爸爸生气——换来妈妈"爱"的行为，形成恶性循环。

还有的家长在打骂孩子后，为了弥补自己的内疚，会无意识地给孩子买些好吃的，或者满足他们的额外要求。这些要求与事件本无关系，但却成为被打骂后孩子所得到的附属利益。为了这份额外的"奖赏"，有些孩子会把自己变得很弱小，行为上也不检点，"专门"制造出麻烦惹怒家长。

因此，我认为，不要过于担心孩子的承受能力，家长的坏脾气不会那么容易伤害他们，家长大可不必事事都道歉。尤其是带着内疚和自责之心发出的道歉，不仅不利于亲子关系的修复，还会把孩子引上"歧途"，反而助长他们形成错误的认知和行为模式。

理智的道歉

　　道歉不是简单的"要不要"的问题，通过觉察和思考做出的理智的道歉才更有意义。如果孩子的行为确实触碰到家长的底线，激怒了你，这是一种正常的情绪反应，是父母与孩子互动情绪的真实过程。这时家长不需要道歉，但可以在情绪过后与孩子反思，讨论他的行为是如何引发自己情绪的，帮助孩子增强与家长互动的经验。

　　案例中的爸爸当天工作很疲惫，本就是带着情绪回到家中。姐姐只是和弟弟发生了冲突，并没有直接影响爸爸的行为。如果爸爸事后反思，发现自己的情绪反应的确过于强烈，超出了正常的范围。那么爸爸可以向孩子道歉，以修复亲子关系，但也不需要全部承担，爸爸只需要为过度的情绪反应道歉，至于影响爸爸的部分，需要由姐姐来承担。

　　用数字说明一下，你会更清楚。如果姐姐与弟弟的冲突干扰了爸爸，应该导致爸爸 5 分的情绪。但爸爸因为工作本身自带 3 分情绪，加上 5 分，做出了 8 分的强烈反应——把姐姐一把推倒在沙发上。这时爸爸可以为自己的 3 分情绪向姐姐道歉，而姐姐引发了爸爸 5 分的情绪，也需要向爸爸道歉。

　　爸爸可以说："对不起，爸爸为一怒之下把你推倒在沙发上向你道歉。这个情绪反应有些过大，是我自己在工作中带回的情绪造成的。不过，你不依不饶地跟弟弟吵闹，惹得弟弟大哭，这种行为确实也影响到我的心情，我希望你也能向我道歉。"

在这段道歉中，爸爸首先通过自我觉察，区分了自己的正常情绪和过度情绪，一方面用"对不起，我为……向你道歉"的句式，理性说明道歉的具体原因，承担自己要承担的部分；另一方面则是为自己的情绪负责，邀请孩子为她的错误行为道歉。爸爸用这种方式教给孩子，每个人的行为都需要为自己和他人的感受负责，出现问题不是某一个人的错误，双方都需要勇敢的承担。这样的道歉才是理智的、有效的、有利于亲子关系的、充满勇气和智慧的。

当然，如果自己的行为确实给孩子造成了伤害，家长要在道歉的同时，提出与这件事相关的弥补方案，和孩子共同面对和解决。

SEL 老师给您的建议

道歉不是"要不要"的问题，而是如何理智的道歉。家长可以先自我觉察，区分正常情绪和过度情绪；然后用"对不起，我为……向你道歉"的句式，说明道歉的具体原因；如果确实伤害到孩子，也要同时提出与这件事相关的弥补方案。

孩子可以学到的 SEL 技能

　　道歉是一种人际沟通的技巧，也是一种心理状态。孩子可以向父母学习到如何应用道歉处理人际关系，不卑不亢、勇敢承担。孩子因为同理他人和对自己的情绪负责，选择道歉的行为，能让他们体会到自信和勇气，在人际关系中更有能力感。

　　父母不带内疚的道歉，可以让孩子成长得更加快乐。他们从父母的道歉中体会到的不是压力而是关爱，也从父母的示范中学会承担起自己的责任。

　　道歉时必须说明具体原因，可以训练孩子的自我觉察能力。遇到问题先省察自己的行为，同时也看到他人的问题，这样才能更加客观地面对问题，寻找到有效的解决方案。

SEL大技能：

　　1. 学习到如何应用道歉处理人际关系，不卑不亢、勇敢承担。

　　2. 父母不带内疚的道歉，可以让孩子成长得更加快乐。

　　3. 道歉时必须说明具体原因，可以训练孩子的自我觉察能力。

从"知道"到"做到"，你还需要多多练习哦！

请你记录一个情绪冲突的小案例，觉察和分析一下，你认为是否需要道歉？如果需要道歉，你是怎么说的，怎么做的？孩子有什么反应？

道歉案例记录：

_____

_____

_____

_____

_____

_____

_____

这件事给你带来的思考是什么？请你记录下来，这将是一次可复制的成功经验哦！

反思和成长：

_____

_____

_____

_____

_____

_____

_____

敲黑板：

家长要不要跟孩子说道歉

1. 道歉不是承认错误，道歉是在为双方的感受和关系负责。一般来讲，在家庭中，愿意用主动道歉来修复关系的成员更显得自信和成熟。

2. 带有自责的道歉会让孩子背负上更大的心理负担，或者形成"用弱小换取利益"的错误行为模式。因此，家长不必事事道歉，请相信孩子是具有承受能力的。

3. 道歉不是要不要的问题，而是如何理智的道歉。家长可以先自我觉察，区分正常情绪和过度情绪；然后用"对不起，我为……向你道歉"的句式，说明道歉的具体原因；如果确实伤害到孩子，也要同时提出与这件事相关的弥补方案。

恭喜你！完成了"亲子沟通锦囊"的第一站学习，向"智慧型父母"迈进了一步！

道歉

Chapter 20

家长为什么要说感谢的话

　　我：你会感谢孩子吗？通常什么时候感谢孩子？

　　小Ａ妈妈：想一想，其实很少感谢孩子，他们很少帮助我做什么。

　　我：什么时候你会感谢孩子？能想到一个例子吗？

　　小Ａ妈妈：有一次我生病了，我让孩子帮助倒了一杯水，我向他说"谢谢"了。

　　我：你认为只有帮助你做了什么，孩子才值得感谢吗？

　　小Ａ妈妈：那还有什么时候？

　　我：你怎么理解感谢？

　　小Ａ妈妈：一般就是别人帮助自己了，要感谢吧！

　　我：你觉得在家庭中，你自己值得被感谢吗？

　　小Ａ妈妈：那有什么好感谢的，我是当妈的，家里就这些锅碗瓢盆，还不是应该做的。就是有时候自己挺辛苦，孩子不听话，他爸爸也不理解，也没办法，当妈的就是这样吧！

　　这是在一次家长课程中，我与小Ａ妈妈的一段闲聊，特别谈了"感谢"这个话题。相信很多读者父母也和这位妈妈一样，认为在家庭中不需要多说感谢的话，都是应该做的，有什么好感谢的。但是仔细体会一下自己的内心，难道我们在家庭中的付出和努力，真的不希望被看到并表达感谢吗？我想，我是需要的。

　　到底怎么理解感谢这件事？家庭中、亲子关系中哪些事值得感谢？感谢对家庭成员的意义是什么？如何通过感谢传递情感？这个话题似乎很少被家长重视，也在理解上产生了一些偏差。因此，这一章我们就来具体谈谈"感谢"。

每个成员都值得感谢

在中国文化中，很多时候把感谢当成对外人客气的说辞。家长从小就教育孩子外人帮助了你、对你好，要说"谢谢"。邻居阿姨给了一块糖，妈妈赶紧让孩子谢谢阿姨。同学借给了孩子一支铅笔，妈妈赶紧问"你谢谢同学了吗"。老师请家长到学校反映孩子的表现，结束时家长总会客气的表达感谢，谢谢老师特别关注孩子。

似乎感谢只是一句表示客气的礼貌用语，只适合对外人表达。当然，为了表示回礼，外人也会客气地说一句"不用谢"，以示尊重。可在家庭中呢？很多人认为都是一家人，不需要客气，也就不需要感谢。但我一直好奇的是，为什么家人就不需要感谢呢？他们难道不是独立的个体吗？他们不需要听到感谢，感受自己在家庭中的价值吗？

我想，之所以会产生这样的认识，与中国家庭关系中的糨糊逻辑有关。这个观点来于心理学者武志红老师的课程《自我的诞生》。在课程中，他认为，中国的家庭和家族中存在着很严重的混沌共生的关系，产生了一些糨糊逻辑。例如：我的事就是你的事，你的事也是我的事；我就等于我们，你也等于我们。这样说似乎有点绕，但仔细想一想，确实如此。从感谢这件事上说，很多家长认为，你的事就是大家的事，你做得好说明我们都好，也不是你一个人的功劳，当然也就不值得感谢了。但如果你做得不好，那就是影响了我们共同的荣誉，你就要全权负责。

这种简单的关系思维，其实并没有分化出"我"和"你"，更没有分化出"我"和"我们"，"你"和"你们"的区别。家庭成员混沌地生活在一起，他们不分你我，将"自己人"绑在一起、一致对外。这就出现了对外客客气气，但对内部成员的态度是，做得好都是应该，做得不好就要严厉批评。特别是孩子，很多家长认为孩子是家长的附属品，听父母的话，做应该做的事，本就是孩子的本分。

随着社会的开放，新一代人对独立人格的要求越来越高，如今的孩子们已经不像我们小的时候那样"本分"。他们希望在家庭中被当作一个独立的个体，获得存在感和归属感。他们希望幼小的自己对家庭有贡献，也期待被爸爸妈妈看见、认可，得到他们的爱。但可惜的是，父母往往带着旧有的混沌理念看待孩子的这份需要，认为不足为提，更没有能力和方法发现他们的贡献，并真诚的看见和认可。

因此，作为父母要学习向孩子和家庭成员表达感谢。感谢意味着家庭中的每个人再不是混沌共生的关系，都是独立的、值得尊重的个体。作为个体为家庭做的每一件事，都是一种贡献，都是值得被看见和认可的。得到来自家庭的感谢，远远比来自外人的感谢更重要。因为这不是一句客气话，而是自我价值感的体现，是一种相互间情感的表达和爱的传递。

那么，哪些行为值得被感谢呢？除了前面小 A 妈妈说到的"帮忙倒水"等事，孩子为家庭做出的贡献和努力，都是值得被感谢的。例如：孩子玩过玩具自己放回了玩具柜，他做了力所能及的努力，完成了自己能完成的任务，这就需要感谢；爸爸推掉了一次应酬，陪孩子玩了一个小时，也需要感谢；奶奶照顾好自己的身体，按时吃药，需要感谢；妈妈心情不好，孩子没有打扰她，自己完成了作业，同样需要感谢。生活中的点点滴滴，只要用眼睛仔细观察、用心体会，每一个善良的举动、举手之劳的努力，都会给家庭带来益处，都是值得被感谢的。

对于年龄小的孩子，他们能力弱，习得新本领往往比为他人提供帮助更重要。家长要用感谢鼓励他们学会的新技能，不要过于强调帮父母做事。例如：孩子给爸爸拿鞋，家长可以感谢他拿鞋的时候鞋底朝下贴着地面的正确动作，而不要刻意夸大替爸爸拿鞋的想法。这样可以避免孩子形成刻意讨好，却不关注新技能学习的错误认知。

> **SEL 老师给您的建议**
>
> 　　家庭中每个成员都值得被感谢，感谢不是一句客气话，而是自我价值感的体验，是一种相互间情感的表达和爱的传递。感谢包括三方面的内容：帮助、贡献和努力。家长要多多感谢孩子努力做好自己的事，帮助他们习得新本领。

感谢是一种激励

● 知识窗 ●

《情商》一书中戈尔曼先生把情商概括为五个方面的能力，包括：（1）认识自身情绪的能力；（2）妥善管理情绪的能力；（3）自我激励的能力；（4）认识他人情绪的能力；（5）管理人际关系的能力。

　　美国心理学家丹尼尔·戈尔曼先生在《情商》一书中，把情商概括为五个方面的能力（见知识窗），其中第三点是自我激励的能力。很多家长问我，怎样培养孩子自我激励的能力？我往往会回答："请多感谢孩子。"我认为，感谢这一表达方式，用得好完全可以赋予孩子自我激励的能力。

　　要想通过感谢激励孩子，家长不能只会说"谢谢"。正确的表达方式是"谢谢你，是因为……"，后半句的感谢原因尤其重要。家长要用前面讲过的描述性语言，说出孩子值得感谢的具体行为，越是细节越能起到激励的作用。例如：孩子把玩过的玩具，主动放回玩具柜。家长可以表达感谢："谢谢你宝贝，妈妈看到你玩过玩具后，把玩具一件一件拿起来，放到玩具柜上。小汽车放在下层，奥特曼放回上层，他们都端端正正地坐在柜子里，像士兵一样排列整齐。地上最后剩下的一张废纸，也被你捡起来扔到垃圾桶里了。"当家长说出这些细节后，孩子一方面感觉到自己的一切努力尽收妈妈眼底，被关注的价值感骤增，另一方面还知道具体什么行为令妈妈满意、对家庭有贡献，下次还可以照此复制，这就给孩子未来的行动提供了指南。因此，描述具体感谢的原因，可以起到正强化的作用，激励他坚持做出正向行为。

时常被感谢的孩子，他们能看到自己在细节上的努力与贡献，在没有被他人看到的时候，自己感谢自己，并化为一种内动力、激励自己的行动方向。

培养孩子自我激励还有一个细节，就是对感谢的回应。大多数人出于客气和不好意思，会回应"不客气"或"不用谢"，但深入的想一想，对方向自己表示感谢，如果真是自己付出了努力和贡献或者提供了帮助，为什么"不用谢"呢？这种回应一方面拒绝了对方传递的情感，另一方面也反映出内心深处"我不配被感谢"的自卑心理。

因此，当向孩子表达感谢时，父母应鼓励孩子回应"谢谢"。这是对他人表达情感的欣然接受，也是对自己行为的肯定。孩子经常回应"谢谢"，会一次次加深对自己行为的认可，从内心深处建立起自信，相信自己对他人和家庭是有价值的，是值得被感谢的。

当然，家长除了感谢孩子，对自己也要建立起自我激励的意识。父母撑起一个家真心不容易，面对家庭中的琐碎之事，真是付出了太多太多，这些都不是应该的，是值得被孩子和其他成员看到的。但可惜的是，很多时候，我们的付出不一定都能被他人看到，更难以听到主动表达的谢意。那怎么办呢？等待不是好办法，我建议要主动发出邀请，邀请对方向自己表达感谢。这不是邀功，而是"自我喂养"的一种方式。心理能量的补充就如同吃饭，不能被动等待他人的恩赐，而要主动争取。你千万不要认为自己的付出，他人就一定能够看得到，这又陷入了"我"就是"我们"的糨糊逻辑中，也一定会产生委屈和无助。每个人都是独立的个体，每个人的信息获取也是有限的，你不说，对方可能真的看不到、感受不到。特别是孩子，他们往往会沉浸在自己的世界中，难以照顾到爸爸妈妈的需要。所以，我鼓励父母经常向孩子发出感谢的邀请："我需要得到感谢，因为……"同样，要说明具体的原因，并请孩子用"谢谢妈妈（爸爸），是因为……"认真地向你表达感谢。最后别忘记对孩子回应："谢谢你感谢我！"

这种主动出击似的邀请感谢，也在帮助父母获得自我激励的能力。你的内心更为强大，委屈减少，价值感提升，才更容易看到孩子的努力与贡献。你越细致的体会自己的内心需要，发现自己行为的亮点，也就更容易看到孩子行为的细节，真心地向他表达感谢。

SEL 老师给您的建议

感谢是自我激励的一种方式。正确表达感谢的方式是"谢谢你，是因为……"。家长可以主动邀请感谢"我需要得到感谢，是因为……"，注意要尽量用描述性的语言说明具体原因。被感谢之后，请回应"谢谢"。

怀揣一颗感恩的心

感谢不仅是一种表达方式，更代表了一种心境、一种深层次的情感，这种情感就是感恩。何为感恩呢？如果你把感恩理解为"谁对我好，我就感恩于谁"，这就太过于狭隘了。

事实上，感恩是因为连接。人从出生开始，就不断张开双臂与世界产生连接，只有连接，才让自己感到存在。不管是好的连接，还是坏的连接，它让这个对自己完全无所知、混沌一片的"我"开始意识到，原来自己是存在的、是有意义的。被忽视的人是最痛苦的，因为他感受不到连接，哪怕是坏的连接。没有连接的感觉就像一拳打在空气中的虚空，没着没落，还不如打在墙上感到疼痛。当看到这份连接给了自己存在感，你心里是怎样的感受？是的，我会油然升起一份感恩的心，感谢每一个与我连接的人。尤其是孩子，他们哪怕是故意捣蛋，也是在一次次尝试与父母连接，获得存在感。而这种尝试与碰撞，又何尝没有给我们作为父母的存在和价值感呢？所以，感恩之心不是被教化出来的，而是在成长的过程中，不断和别人产生连接，获得存在感之后的领悟。

感恩是因为承载。周围一切的人和事，都在承载着我们的情绪。例如：我所写的书中某些观点被你认同，你就承载了我因为输出而产生的快乐；孩子犯了个错误，感到很挫败，妈妈默默地陪伴着他，承载了他的沮丧；妈妈在外面受了气，回来把老公、孩子骂了一顿，骂完妈妈感到好多了，此时老公和孩子就承载了妈妈的愤怒……其实，你身边的每个人，时时刻刻都在承载着你的情绪，他们像一面面镜子，映衬出你的喜怒哀乐，才使得你能看到真实的自己。特别是孩子，他们最为真实的与父母互动，也最容易按下父母真正的情绪按钮，他们在父母情绪的影响下，又以各种行为回应着你。这些行为无不值得反思，也能激励你在反思中再次了解自己，获得新的成长。

当看到这个视角，我们内心一定会再次升起感恩之情。万物都在承载着我们，我们又都相互承载着，难道不该向身边的人说声感谢，向自己说声感谢吗？哪怕是骂我们的，惹我们生气的，抑或是讨厌我们的，他们都值得感谢，这就是感恩的真正含义。

这一切的感恩都需要表达出来吗？当然不需要。面对家人，我建议要勇敢地表达。也许你感到不好意思、张不开口，文字也是非常好的表达方式。面对其他人，心存感恩之情就好。当你带着这份感恩之心，就不会把他人的行为简单理解为恶意，也会减少很多关系中的冲突。带着感恩的眼镜看世界，你眼中的世界才更加五彩斑斓。

SEL 老师给您的建议

感谢不仅仅是一种表达方式，更代表了一种心境，一种深层次的情感，这种情感就是感恩。感恩是因为连接，是因为承载。带着感恩的心对家人说出感谢，对他人增加理解，看到的世界也更加五彩斑斓。

孩子可以学到的 SEL 技能

经常被感谢的孩子可以学会观察自己和他人行为的细节，善于发现亮点，并有能力表达出来。他们会时常用感谢表达自己的情感，给予同伴激励。

经常被感谢的孩子也自带感恩之心。他们不断地被他人看见和认可，深切体会到自我价值来于他人，也愿意让自己成为他人的镜子，互相成就价值感，获得良好的人际关系。

经常被感谢的孩子很懂得自我激励，他们能在困难和受挫折的时候，发现别人看不到的优势，给予自己鼓励；也能在不被认可的时候，主动邀请他人的鼓励，改变环境。

SEL大技能：

1. 可以学会观察自己和他人行为的细节，善于发现亮点，并有能力表达出来。
2. 经常被感谢的孩子自带感恩之心。
3. 经常被感谢的孩子懂得自我激励。

GET

从"知道"到"做到"，你还需要多多练习哦！

请你记录感谢孩子或家人的场景和具体话语，体会感谢给自己和家人带来的不同感受。

感谢话语记录：

_____

_____

_____

_____

_____

_____

_____

_____

_____

这些感谢给你带来的思考是什么？请你记录下来，这将是一次可复制的成功经验哦！

反思和成长：

_____

_____

_____

_____

_____

_____

_____

_____

敲黑板：

家长为什么要说感谢的话

1. 家庭中每个成员都值得被感谢，感谢不是一句客气话，而是自我价值感的体验，是一种相互间情感的表达和爱的传递。感谢包括三方面的内容：帮助、贡献和努力。

2. 感谢是自我激励的一种方式。正确表达感谢的方式是"谢谢你，是因为……"。家长可以主动邀请感谢"我需要得到感谢，是因为……"，注意要尽量用描述性的语言说明具体原因。被感谢之后，请回应"谢谢"。

3. 感谢不仅仅是一种表达方式，更代表了一种心境，一种深层次的情感，这种情感就是感恩。

恭喜你！完成了"亲子沟通锦囊"的第二站学习，又向"智慧型父母"迈进了一步！

Chapter 21

家长怎样鼓励孩子

放学回家，果果稍作休息就开始写作业。不知什么原因，今天果果没有像往常一样玩橡皮，很快就写完了数学作业。妈妈给果果检查作业，发现全部正确。这让爸爸妈妈感到特别欣慰，他们都想借此机会鼓励果果。

爸爸走过来拍了拍果果的头，边点头边笑着说："果果真聪明，特别棒！好孩子！"

妈妈也对果果说："我刚刚仔细观察了你，发现放学回家不到10分钟，你就自己打开书包，拿出书本开始写作业。而且在写数学作业的时候，几乎没有抬头，手一刻不停地写，还时不时歪着脖子想问题。不到半个小时，数学作业就被你完成了，而且全部都正确。这都是你努力的结果啊！"

在上面的案例中，爸爸妈妈都给了果果鼓励。仔细品读，两个人鼓励的话是有很大不同的。爸爸的鼓励用的是评价式语言，他鼓励的是果果的聪明，而妈妈用的是描述性语言，她鼓励的是果果的努力。如果你是果果，更愿意听谁的鼓励呢？谁的鼓励更能够帮助你未来做得更好呢？

作为父母，我们都知道鼓励对孩子成长的重要性，它是亲子沟通重要的内容。有句话说：孩子缺少鼓励就像植物没有了水。那么，鼓励孩子有什么学问呢？这一章我来跟你细细聊一聊。

夸聪明还是夸努力

成长型思维和僵固型思维的提出者斯坦福大学的卡罗尔·德韦克教授，曾经做了一个著名的试验。德韦克教授找了几百名小学生、初中生，给他们做10道容易的智力测试题。完成后，一部分学生被夸奖聪明："哇，你做对了8道题，太聪明了！"而另一部分学生被夸赞努力："哇，你做对了8道题，你一定很努力！"结果，在接下来的测验里，那些被夸聪明的孩子很多都不愿意选择更难的题目，哪怕那些题目能让他们学到新知识。

当研究者安排了新一轮更难的题目时，所有孩子都表现得不好。那些被夸聪明的孩子对解难题失去兴趣，表现直线下降。相反，那些被夸奖努力的孩子越挫越勇，保持着对解难题的兴趣，表现越来越好。

最后，当研究人员让他们在试卷上写下做题的分数和感受时，有40%的被夸聪明的孩子撒了谎，他们虚报了自己的成绩，而且都报高了。

这个研究是颠覆性的。它证明了夸孩子聪明不仅不会增加孩子的自信，还极大地削弱了孩子的抗挫折能力。夸孩子聪明其实是在暗示他——"你的能力是固定的"。孩子接受了这个暗示，就会很努力地去维护聪明的形象，从而形成僵固型思维，不敢突破自己现有的状态。

而被夸努力的孩子则得到了相反的暗示——"人的能力不是固定的，可以通过努力来发展自己的能力"。在这种暗示下，孩子不需要证明自己，可以全然地将目光专注到事情本身，从而形成成长型思维，一次次用努力超越自己。

在前面的案例中，爸爸用"聪明""棒"和"好孩子"等评价词，给孩子固定了一个形象。为了维护这个形象，孩子会把注意力从写作业这件事，转移到关注自我好不好的问题上。但同时，这些评价词也很抽象，并没有具体说明何为"聪明""棒"或"好孩子"。久而久之，孩子就会空洞地追求这个虚假形象，既不敢突破现有状态，也不知道具体该怎么做。一旦某天出现错误，就容易全盘否定自己，陷入非对即错、非好即坏的僵固思维之中。

而妈妈呢，她不仅在夸孩子努力，还把孩子努力的全过程用描述性的语言表达出来。孩子从妈妈的鼓励中，既知道努力没有上限，还知道如何努力可以变得更好。特别是"回家不到10分钟""几乎没有抬头""还时不时歪着脖子想问题"这些非常详尽的描述，勾勒出了一个"努力的孩子"的具体形象，给孩子提供了下一步前进的方向。

爸爸的鼓励是虚的，妈妈的鼓励是实的；爸爸的鼓励好听但操作性不强，妈妈的鼓励朴实但可行；爸爸的鼓励容易让孩子为了维护形象而胆怯不前，妈妈的鼓励让孩子没有负担勇往直前。因此，鼓励不是随意的一句夸赞，不是几个华丽词汇的堆积；鼓励是父母对孩子行为的细致观察，是发自内心的相信他可以通过努力做出改变，也是给他未来的行为树立的一盏指路明灯。

SEL 老师给您的建议

　　鼓励不是随意的一句夸赞，不是几个华丽词汇的堆积，是发自内心的相信他可以通过努力做出改变，是发自内心的相信他在努力，也是给他未来的行为树立的一盏指路明灯。

鼓励要讲究方法

我从事教育行业二十多年来，一直接触孩子和家长，说句实话，我认为很多家长是不会鼓励孩子的。当然，也必须承认，我作为妈妈，做得也很差劲，心中一腔热血想要鼓励孩子、给他赋能，可话说出来总感觉不是味道。我举几个例子，不妨请你站在孩子的角度听一听，感受一下，是否感到被鼓励呢？可以记录下听到每句话的真实感受和想法。

1.孩子今天作业很多，对爸爸说不想写作业。爸爸想鼓励他写作业，于是说："宝贝，你肯定能行！加油！"

2. 孩子这次考了全班第一名，妈妈特别高兴，鼓励孩子说："这次太棒了！但是要再接再厉，不要骄傲啊！"

3. 孩子运动会跑步摔了一跤，很沮丧。爸爸鼓励说："没事，孩子！这有什么的，咱们不稀罕这跑步，你的数学成绩比他们都好！"

4. 孩子的成绩比上次进步了 10 分，妈妈说："这次考试之前，幸好我催着你复习。下次你要向隔壁学霸姐姐学习，人家回家从来都是先学习再玩的，不用妈妈催。"

怎么样？爸爸妈妈费尽心机的鼓励，是不是让孩子心里堵得慌？很多孩子告诉我，当我听到爸爸妈妈这样的鼓励时，就特别想说："不会夸就别夸了！这种鼓励让我感到很虚假，反而更有压力。"

听到孩子这么"无情"的评价，我也替父母感到委屈。要知道，我们这一代人大多是在批评、指责中长大的，没有人给过我们需要的鼓励，哪怕一句"你真棒！"的虚伪称赞都很少听到。当我们为人父母后，特别想改变，不想让孩子也经历没有鼓励的童年。但可惜的是，我们只有一份心，却没有技能。我们不知道该如何鼓励孩子，把想象中好听的语言搜肠刮肚地找出来，可不知为什么，一张口又变成了这种明着鼓励、实则批评的教导式语言。

那怎么办呢？唯一的方法就是学习。为了帮助家长们学习鼓励，我和团队老师们在研究社会与情绪技能时，努力把有效的鼓励方法进行总结，并邀请家长朋友反复练习。每一次有效的鼓励都将给父母们增添一点信心，慢慢地，家长们的鼓励不再那么别扭，他们的鼓励越来越走进孩子的心里，给亲子沟通增添了和谐的音符。

我总结了四个鼓励的原则：

1. 寻找细节；

2. 描述过程；

3. 赋予意义；

4. 挖掘亮点。

最开始的案例中，妈妈其实就是运用了"寻找细节"和"描述过程"的方式进行鼓励。她把孩子回到家写作业的具体过程，用描述性的语言叙述给孩子听，特别是观察到了一些容易忽视的细节，例如："还时不时歪着脖子想问题"，这样的语言让孩子的大脑中不仅留下了被看见的愉悦感，还记录了什么样的动作可以获得这种感受。等再次想要体验这种感受时，就能有意识地提取出具体的行动方式，复制成功经验。很多家长之所以不会鼓励，主要因为过多关注结果，忽略了对过程的观察。如果能够练习，经常有意识地观察孩子的一举一动，相信家长一定可以看到越来越多的细节，并描述出来。

鼓励细节还有一个重要的作用就是帮孩子形成"看到细节"的思维方式。每个成功结果的背后都是对细节的描述与看见，这些细节可以帮助孩子把想象的结果落实在可行的行动中。家长常抱怨孩子"光会说，不落地"，原因就是家长没有强化落地的细节。久而久之，孩子就养成了只看重结果、不注重过程的习惯。更可怕的是，孩子们会为了所谓的结果，不择手段，撒谎、偷懒等行为也会随之而来。

人类是唯一一种追求意义的生物。当自己的行为被赋予意义时，就会有意志坚持下去。我做了二十多年的教育工作，虽然说是从"喜欢"开始的，但之所以能坚持到今天，而且还要继续一生，还是因为它带给我的意义感决定的。特别是社会与情绪学习的研究和教学，让我看到越来越多的孩子、家长和老师的成长，这让我感受到自己对社会的价值。

我附上了一张图片，是学生送给我的手画奖状。她说每次都是我送她

结业奖状，今天要给我送一张奖状，希望以后能成为像老师一样的人。在收到孩子送给我的奖状时，我受到了莫大的鼓励。因为孩子给我的教学赋予了意义，让我看到了我所有付出的价值。

说这么多，其实是想说明，"赋予意义"也是重要的鼓励原则。孩子们的行动通常是无意识的、随性的，他们不知道自己的行为会带来什么后果，更不知道今天的行为到底有什么用处。一旦某些行为被定义了意义，而且是正向的意义，他们就会感到有动力和方向。

就拿刚刚的一个例子来说，孩子运动会跑步摔了一跤，很沮丧。爸爸鼓励说："没事，孩子！这有什么的，咱们不稀罕这跑步，你的数学成绩比他们都好！"这位爸爸并没有发现这件事的意义所在，他避开了摔跤的现实，突出学习成绩，既没有鼓励孩子"摔跤还坚持跑下来"的行为，还仿佛在告诉他：你的跑步就是不好的，它对你来说本来就没有意义。孩子经常被这样"鼓励"，当然对跑步越来越不自信，而为了掩饰这种不自信，"我的成绩比别人好"则会成为他逃避跑步的挡箭牌。

我们不妨来练习一下，家长可以怎样给"跑步摔跤"这件事赋予意义，鼓励孩子下次还能在跑步比赛中勇敢坚持呢？

感觉有困难吗？如果是我，我可能会说："妈妈看到你在跑步的过程中摔了一跤，爬起来继续跑到终点。你知道吗？这种行为就叫作坚持，不是所有人都可以做到这一点的。"

鼓励孩子最难之处，是孩子没有可鼓励的地方。这是很多家长的困惑：孩子做得好，很容易鼓励，但平凡的孩子哪有那么多值得鼓励的地方呢？提出这个问题的家长似乎有一个错误认知：孩子平时做的都是他们应该做的，只有做出突出成绩，才值得鼓励。前面我们讲过感谢，知道不仅是帮助他人，孩子的努力和贡献都是值得被感谢的，这其实就是一种鼓励。孩子能做好自己的事，不给家长添麻烦，就已经很不容易了。他们的日常行为不可能完全没有亮点，只要认真挖掘，一定可以找到。

例如：今天孩子作业很多，对爸爸说不想写作业。爸爸想鼓励他写作业，于是说："宝贝，你肯定能行！加油！"在这个场景中，孩子不想写作业看起来一无是处，但是否可以挖掘一下呢？学过社会与情绪技能的家长都知道，孩子能直接表达出自己的真实情绪和想法，是有助于他们调节情绪的。孩子把自己"不想写作业"的情绪和想法告诉家长，这就是亮点所在。爸爸可以说："感谢你告诉爸爸你不想写作业的感受和想法，让我理解了现在的你。接下来我们可以一起写作业了吗？"这句话很简单，但却帮助孩子看到了"一无是处"的自己还有闪光的地方，这是他重新开启写作业的动力所在。然后，爸爸还从"我们"的角度提示孩子，接下来我愿意陪着你开始下一步的行动计划。

最后，我结合前面所学的内容，给家长朋友总结了三个鼓励的句式，帮助大家练习。

1. 细节描述 + 意义："我看到（听到）……，我觉得（表达意义）……"。

2. 感谢 + 描述具体原因："谢谢你，是因为……"。

3. 说出亮点 + 我们的行动："我看到你……，接下来我们一起……"。

怎么样？学会鼓励孩子了吗？当你认真看这一部分的内容时，就已经向鼓励型家长迈出了一步，接下来让我们一起来练习吧！

SEL 老师给您的建议

鼓励孩子的四个原则：（1）寻找细节；（2）描述过程；（3）赋予意义；（4）挖掘亮点。具体的句式有：（1）细节描述 + 意义："我看到（听到）……，我觉得（表达意义）……"。（2）感谢 + 描述具体原因："谢谢你，是因为……"。（3）说出亮点 + 我们的行动："我看到你……，接下来我们一起……"。

孩子可以学到的 SEL 技能

被正确鼓励的孩子，也是鼓励他人的高手。他们拥有一双发现细节的眼睛，能捕捉到父母及身边同伴的亮点。

被正确鼓励的孩子，他们更容易形成成长型思维，关注于做事的过程，也更加相信一切都有再努力向前的空间。他们更习惯从过程中审视行为，而非简单的评价和判断。他们更尊重事实，也更容易把事与人区分开。

被正确鼓励的孩子，他们更相信自己，具有自我激励能力。不会因为一个错误就全盘否定自己，当然也不会因为一件事做得好，就忘乎所以、盛气凌人。

SEL大技能：

1. 学会鼓励他人的技能，善于观察，捕捉亮点。

2. 被鼓励的孩子容易形成成长型思维。

3. 被鼓励的孩子更相信自己，拥有自我激励的能力。

从"知道"到"做到"，你还需要多多练习哦！

请你记录几句鼓励孩子的话，尝试分析一下，哪些是有效的鼓励，哪些不是？如果有效，你遵循了什么原则？如果无效，可以怎么修改？

鼓励的话记录：

_____

_____

_____

_____

_____

_____

_____

_____

这些鼓励练习给你带来的思考是什么？请你记录下来，这将是一次可复制的成功经验哦！

反思和成长：

_____

_____

_____

_____

_____

_____

_____

_____

敲黑板：

家长怎样鼓励到孩子

1. 鼓励不是随意的一句夸赞，不是几个华丽词汇的堆积，是发自内心的相信他可以通过努力做出改变，是发自内心的相信他在努力，也是给他未来的行为树立的一盏指路明灯。

2. 鼓励孩子的四个原则：（1）寻找细节；（2）描述过程；（3）赋予意义；（4）挖掘亮点。具体的句式有：（1）细节描述＋意义："我看到（听到）……，我觉得（表达意义）……"。（2）感谢＋描述具体原因："谢谢你，是因为……"。（3）说出亮点＋我们的行动："我看到你……，接下来我们一起……"。

恭喜你！完成了"亲子沟通锦囊"的第三站学习，又向"智慧型父母"迈进了一步！

道歉　感谢　鼓励

Chapter 22

家长怎样正确批评孩子

阳阳在学校没有按时交课堂作业，被老师留下来补写作业，老师还当着父母的面严肃地批评了他。回到家，爸爸和妈妈就这件事展开了讨论。

妈妈说："老师也真是的，有问题好好说，孩子没有写完作业，让他写完就好了。这样一点小事就上纲上线批评孩子，孩子的心理哪承受得了，万一造成伤害可怎么办？那些新闻里跳楼的孩子，不就是因为一点小事就批评造成的嘛！好多育儿书上都说，对孩子要尊重，不能吼叫打骂，我看老师得好好学习学习。"

爸爸不同意妈妈的说法："老师批评得对呀！凭什么人家孩子能写完作业，咱家的孩子就写不完呢？咱们小时候不都是被批评长大的，也没看见哪个动不动就跳楼。连这点承受力都没有怎么行？要我说，老师批评得还不够狠，没完成作业就一次性来个狠的，让他长个记性，以后再也不敢了。"

阳阳爸爸妈妈的观点代表着两种看待批评的态度，相信在我们身边也存在着这些声音，不光是老师，父母在批评孩子这个问题上，也会同时出现两种声音，并且相互争辩。当孩子犯了错误时，父母忍不住批评一通，过后又开始自责和内疚，自责自己这样做不对，发誓以后一定要尊重孩子，不能用这样简单粗暴的方式对待孩子。可是，没过多久，这个片段又再次上演。父母如同被诅咒了一样，总是陷入"批评——自责——痛改前非——又忍不住批评"的恶性循环中。

于是，很多家长询问，到底能不能批评孩子呢？育儿专家说不要批评孩子，为什么我就是总也忍不住呢？如果一定要批评孩子，该如何正确地批评呢？这就是这个章节要探讨的问题。

长大需要批评的声音

家长们之所以认同"不吼叫打骂"的教育理念，很多是因为自己小时候就是听着糟糕的批评声长大的。这种感受给我们留下了太多痛苦的回忆，所以，当听到可以不批评孩子的育儿理念，就非常认同。可在实际操作时，却根本无法做到。

其实，每个人都不喜欢被批评。不要说"吼叫打骂"似的批评，即使对面的人和颜悦色地给我们指出问题，又有多少人可以轻松接受、不感到丝毫难受呢？既然批评让我们如此不舒服，为什么批评却无法消除呢？我认为，这是人类成长和进步的需要。在原始社会，人类靠打猎生存。打猎是一项随机性的充满危险的工作，人类不仅要分享交流成功经验，还要帮助同伴从失败的经历看到问题、做出调整和改变，这就是批评。不能接受别人的批评，就意味着明天将面临更大的危险，甚至丧命。因此，人类一方面靠总结成功经验延续优势，另一方面靠互为镜子、提出批评和改进行为来弥补劣势，才得以生存和繁衍到今天。

可见，批评和鼓励都是不可或缺的沟通方式。在我看来，批评更具有十分重大的意义，不对错误做出及时反馈和调整，就意味着成功经验也不能得以继续发挥。

回想一下，我们每个人的成长历程，难道批评真的只带来了伤害吗？当我们还在小小的婴儿期，非常好奇地观察着这个新世界。会想去用手摸摸电门，爬到窗台上想看看外面，妈妈看到后大吼一声，告诉我们："不可以这样做！"尽管被批评的我们呜呜大哭一场，但却知道了电门和窗台是游戏的禁地。长大后会跑了，我们和同伴跑到防空洞里探险，跑到没人管的水库游泳，回到家被大人发现，也会受到严厉的批评，甚至挨一顿揍。虽然心理和身体都很痛苦，但我们知道了，这些是危险的地方，不能随便去玩，从而大大降低了危险发生的概率。上了学，学习的知识都是新的，超出了我们固有的认知。每当出错时，老师家长都会给予严厉的批评，这种难受促使我们赶紧改错复习，把本来不会的新知识变成旧知识。我们一次次突破了自己的认知局限，掌握了新知识，获得了更多长大需要的知识和技能。到了社会上更是如此，你的领导、同事、爱人、朋友都会指出你的问题和盲点，他们会用批评激发你突破自我的动力，迈向新的领域和空间。

举一个我个人的例子，今天我能写出这本书，其实正是来源于曾经的一位创业伙伴的高要求和批评。我就用 L 来代表她吧！我本是数学老师出身，从来不认为自己有写作的才能。因为要做社会与情绪研究，要让更多人了解社会与情绪学习这个领域，L 要求我写文稿，在知乎上回答问题。刚开始，其实我对于社会与情绪学习很有研究心得，但一写成文字就逻辑不清，L 就会直接给我指出问题，让我修改。起初我是有抵触情绪的，认为她说得不对，凭什么对我指手画脚，总是被批评，心里也确实很不舒服。后来，我开始关注她提出的批评和建议，尝试结合她的建议修改文章。果然，文章写得越来越流畅了，自己读起来也感觉很舒服。3 年多来，我居然已经可以把这些想法写成十几万字的书，成为畅销书作者，这真是从来都没有想到过的结果呢！我有时候也在想，如果那时没有人给我的文章提出批评，都是一片称赞，我还能有今天吗？答案是否定的，一定不能。我或许还是一个老师的水平，只能停留在自己熟悉的能力中，享受称赞带给我的舒适，而一辈子都不可能相信，我能达到今天的成就。

正是因为自己的经历，我开始重新审视批评的意义。因此，我从来不否定家长批评孩子，因为不批评孩子，就意味着剥夺了孩子突破和成长的权利。

换一个角度说，从儿童认知发展的视角看，批评对孩子还具有塑造思维的作用。儿童心理学家皮亚杰提出的发展观认为，在婴儿期和幼儿期，儿童的理解方式与成人是不同的。他们的思维甚至是完全不合逻辑的，例如：三四岁的孩子看到妈妈把小奶瓶的牛奶倒进大奶瓶，就以为牛奶变少了，于是大哭不止。这就说明，他们头脑中的逻辑与现实是不符合的。换句话说，他们是生活在头脑想象的世界里的。怎样才能让孩子逐渐从想象思维走进现实思维呢？我认为批评就是一种重要的方式。家长从现实的角度，对孩子错误的行为和思维逻辑提出批评、指出问题，就是在给孩子进行反馈，帮助他照镜子，从而修正错误，使他逐渐形成现实思维与想象思维的平衡。

精神分析理论也认为，人的成长过程，就是从婴儿般的幻想，逐渐与现实碰撞，最终回到现实中，与客观事实达成和解，从神回到平凡的人。而批评则是一种外在力量，它让现实与想象产生冲突，刺激我们进行自我反省，进而获得心理的成熟发展。还以我写书为例，我曾经无法接受批评，就是因为活在自己想象的世界中，我认为按我的想法写出来的文章才是对的，但 L 的批评，是从现实需要的角度考虑的，这让我天真的想象与现实的需要产生了冲突。也正是这种因冲突而产生的难受，激发我做出了反省。我开始反思冲突的原因，反思我的想法是不是太过自我了，反思我的文章为什么会招来批评的声音？最终，我想通了这些问题，找到了自己想象的世界与外部现实平衡的支点，获得了新的成长。

其实父母们，你们之所以来看这本书，学习新的育儿理念，也一定是听到了同样类似批评的声音。例如：当你打骂孩子时，有人批评你这样做不对，才会激发你打破曾经固有的想法，开始探寻新的育儿思路。

SEL 老师给您的建议

孩子的长大是需要批评的。被批评虽然痛苦，但却能激发突破自己的动力，不批评反而剥夺了孩子突破和成长的权利。批评是一种现实反馈，可以帮助孩子修正错误的思维，找到想象与现实的平衡点，完成成长的过程。

正确批评孩子

前文说到批评对于孩子长大的意义，但也不等于就认同案例中阳阳爸爸的观点。其实，批评的意义在于矫正孩子的错误行为和思维，但很多老师或父母却只是发泄了情绪。批评固然是严肃的，甚至是严厉的，但发心不同，批评者的自我状态不同，达成的实际效果也有巨大的反差。在案例中，如果老师仅凭自己的单一认知坚信自己是对的，孩子完全是错的，或者老师只是凭自己的想象，猜测孩子就是因为贪玩没写作业，给他贴上不认真学习的标签，那么这种批评就是高高在上的发泄和控制，很容易招来孩子的不满和怨恨。孩子不仅无法意识到自己的行为偏差，还会专门与老师作对，产生叛逆行为。

如果老师的批评是建立在对现实的充分观察和分析之上，发现孩子的行为确实影响了班级规则和自己的学习效果，出于帮助孩子形成自我规范、适应环境的目的，老师提前进行了深思熟虑，选择了孩子容易接受的方式进行批评教育。在父母来到学校时，也能以谦虚谨慎的态度，与家长探讨行之有效的方式帮助孩子，那么这种批评就是理性的、充满爱与关怀的、不会产生破坏性后果的批评，是有利于孩子成长和进步的。

基于以上分析，不管是老师还是家长，最应该讨论的不是要不要批评孩子的问题，而是如何正确批评孩子。这里给家长四个原则参考。

1.**具体**。家长批评孩子不能只让孩子知道"我错了"，但不知道错在哪里。有些家长在孩子犯错后，会连珠炮似的发问："你说，你错了没有？"孩子回答"错了。""错在哪里了？"孩子沉默……孩子的沉默说明，孩子只是猜出了家长心中既定的选项，但却完全猜不出"错了"背后的原因。选择题好猜，简答题就不会做了。而且，孩子大多数的错误都是因为思维局限造成的，错误原因往往超出他的认知点，是盲区。例如：孩子认为放学回家就应该先玩，这样才开心，他们的头脑中并没有先玩有可能导致因未完成作业而无法正常睡觉的经验，而家长知道，这种后果是很糟糕的。如果家长一回家就劈头盖脸的一顿批评，还不具体表达为什么要批评、这种行为的后果是什么，孩子根本无法理解。

前面我们讲过如何表述客观事实，批评也需要用到这一表达技能。家长把孩子做得不对的行为，客观清晰地表述给孩子听，才有可能帮助孩子认识到固有认知的局限，有意愿接受新思路。

2. **提供解决方案**。家长一定要记住，批评不只为批评，批评错误的行为是为了形成更好的策略和方法。批评是一种现实的反馈，是给孩子照镜子，在指出什么是不对的基础上，还要给予孩子对的建议。否则，孩子只会感觉到被否定的沮丧和士气低落，即使想要调整行为，也不知道下一步有效的行动方向是什么。

3. **单独表达**。批评是对错误的反馈，是一种否定，因此一定会令人产生羞耻之心，而且知道的人越多，羞耻的情绪越强烈。有些家长不分场合的批评孩子，即使在众目睽睽之下，也会直接指出问题。对于心理非常成熟和健康的成人来说，这不算什么，但对于心智并未发育成熟的孩子来说，无疑更增加了他的心理负担。他们不仅要面对被否定的沮丧和挫败感，还要承受众目睽睽之下被批评的羞耻感。更重要的是，当众的批评一般只能被动接受，几乎没有反抗、解释和澄清的机会。

因此，批评孩子尽量单独进行，孩子的情绪压力小一些，接受批评的可能性就大一些。父母也不至于处在高高在上的位置，更容易以平和谦逊的姿态与孩子讨论错误。

4. **保持同理心**。家长在批评孩子时，经常越说越激动，完全陷入自己的情绪中，把孩子的感受扔在一边。这样就造成家长说家长的，孩子想孩子的，两人根本不在一个频道上。这就是缺乏同理心的批评，一定是无效的，而且容易伤害孩子。孩子会感觉到：我没有这个错误重要，爸爸妈妈更爱的是那个"做对事情的我"，一旦做错事，他们就不爱我了。

因此，父母在批评孩子的时候，要时刻保持同理心。虽然嘴上说的是这个错误，但眼睛、耳朵和心都要放在孩子身上。你需要随时观察孩子的表情，体会他此时的情绪感受。如果发现孩子确实很痛苦，就要适可而止，暂停下来；如果感觉到他有抵触情绪，就要表示理解，并改变表达方式。

SEL 老师给您的建议

父母批评孩子要先觉察自己的发心，理性的、充满爱与关怀的、不会产生破坏性后果的批评，才有利于孩子成长和进步。正确批评孩子的方法：（1）具体；（2）提供解决方案；（3）单独表达；（4）保持同理心。

批评要适时适度

上一节我强调了批评的意义和正确批评的方法，但不意味着我支持前面案例中阳阳爸爸的观点，我不主张家长批评孩子越严厉越好。如果说鼓励对孩子就像水对植物的作用，那么批评则像风雨雷电，适时锻炼孩子的内心力量。虽然批评是一种反馈，但现实反馈也不仅仅都来于批评。同伴间的意见分歧，孩子自己看到别人不同的行事风格，包括从书上、网络上看到的千奇百怪的新闻和故事，都是孩子获得现实反馈的好机会。因此，批评只是家长与孩子亲子沟通的一个方式。如果家长只重视批评，让孩子获得太多的否定信息，就会形成悲观的人生态度，认为自己什么都是不好的，外部环境也都是恶意的。最重要的是，家长总是批评孩子，也会严重影响自己的心情，亲子双方都会惶惶不安地生活在负面情绪中。

从孩子心理发展的规律看，年龄越小，鼓励越要多于批评。3 岁前几乎不要批评，多以夸大的方式鼓励孩子的探索行为，建立孩子的自信心。

3～6岁，增加少量批评，但要更注重手把手地教孩子正确的生活技能和社会技能。6～12岁以上，家长一方面不需要否定来自外界的批评，不用有意识地帮孩子净化环境；另一方面要保证外界批评过的，回家就不要再批评了。例如：前面案例中老师对孩子的批评是社会性的，是在教孩子如何适应学校环境。家长不要干涉老师批评孩子，但也不要和老师站在一个阵营，回家变本加厉地批评孩子。你只要对孩子表达理解，并且引导："怎样做就可以让老师不再批评了呢？"就可以了。家长在批评这个问题上也要分清边界，家庭和外部环境是两回事，孩子要学会用不同的行为方式适应不同的环境，家长则是帮助他学会更多的方法。

SEL 老师给您的建议

批评只是一种反馈方式，孩子还可以通过很多方式接受到反馈，修正行为，学习新技能。总体来说，年龄越小，批评要越少。孩子长大后，家长要注意分清家庭和外部环境的边界，既不刻意否定外界批评，也不要变本加厉和外界环境一起批评孩子。

孩子可以学到的 SEL 技能

被正确批评的孩子，虽然不喜欢批评，但也不逃避问题。他们更容易知道自己问题的所在，拥有积极调整的心态。

被正确批评的孩子，会从批评中反思，从中筛选出有益于自我成长的内容，完善自己，形成成长型思维。

被正确批评的孩子，也不会害怕给别人提出批评。他们能坦诚的、出于为他人负责的态度指出问题，既不讨好，也不人身攻击，有利于建立真诚友爱的朋友关系，互相激励，共同进步。

SEL大技能：

1. 不逃避问题，拥有积极调整问题的心态。

2. 会从批评中反思，形成成长型思维。

3. 不害怕给别人提出批评，有利于建立真诚友爱的朋友关系，互相激励，共同进步。

从"知道"到"做到"，你还需要多多练习哦！

请你记录一个批评孩子的小案例，注意四个原则：具体、提出解决方案、单独表达和保持同理心。批评之后你和孩子有什么感受、想法和行动？也可以记录下来。

批评案例记录：

_____

_____

_____

_____

_____

_____

_____

_____

这件事给你带来的思考是什么？请你记录下来，这将是一次可复制的成功经验哦！

反思和成长：

_____

_____

_____

_____

_____

_____

敲黑板：

家长怎样正确批评孩子

1. 孩子的长大是需要批评的。被批评虽然痛苦，但却能激发突破自己的动力，不批评反而剥夺了孩子突破和成长的权利。批评是一种现实反馈，可以帮助孩子修正错误思维，找到想象与现实平衡点，完成成长的过程。

2. 父母批评孩子要先觉察自己的发心，理性的、充满爱与关怀的、不会产生破坏性后果的批评，才是有利于孩子成长和进步的。正确批评孩子的方法：（1）具体；（2）提供解决方案；（3）单独表达；（4）保持同理心。

3. 批评只是一种反馈方式，孩子还可以通过很多方式接受到反馈，修正行为，学习新技能。总体来说，年龄越小，批评要越少。孩子长大后，家长要注意分清家庭和外部环境的边界，既不刻意否定外界批评，也不要变本加厉和外界环境一起批评孩子。

恭喜你！完成了"亲子沟通锦囊"的第四站学习，又向"智慧型父母"迈进了一步！

道歉　感谢　鼓励　批评

Chapter 23

家长怎样提出合理化建议

丽丽有个喜欢恶作剧的同桌。有一次，她的同桌抓了一条虫子，放在她的铅笔盒里，把丽丽吓了一大跳。这让丽丽非常愤怒，她咆哮着对同桌大喊："你太讨厌啦！"同桌看到丽丽真生气了，赶紧道歉说对不起，可丽丽还是不能原谅他。

回到家，丽丽把这件事告诉了妈妈，她依然气愤不已，想要妈妈替自己说句公道话。妈妈觉得同桌就是贪玩，没什么坏心眼，是丽丽太小题大做了，就劝丽丽说："他就是想和你玩，也没有恶意。再说人家也和你道歉了，你还不依不饶的。俗话说：宰相肚里能撑船。你就包容一下他吧！"可谁知丽丽听后更加生气了，她扭过头来，对妈妈说："你是妈妈，我是小孩，我做不到！"

这样的事情有很多次，妈妈发现，丽丽总是不能在发生冲突时，包容他人。这让妈妈感到困惑，她希望丽丽能够学会包容。

六一儿童节到了，小贺的爸爸答应给他买个礼物。爸爸带小贺来到玩具柜前，对小贺说："今天是你的节日，你可以随便挑个玩具。"小贺开心极了，转了三圈，挑中了一个 800 块钱的变形金刚。爸爸看到这个玩具的价钱太贵了，赶紧给小贺提建议说："这个变形金刚多没意思，你看，这个玩具车挺好的，你还可以和哥哥玩赛车。"可小贺就是想要变形金刚，怎么都不愿意放下。爸爸一气之下什么都不买了，小贺伤心极了。

这类事情相信在很多家庭中都有发生，在发生一些问题时，家长希望能够给孩子一些有效的建议和指导，但却往往吃个闭门羹。孩子不接受家长的建议，情绪升级，严重的还影响亲子关系。

很多家长抱怨："我们吃的盐比他们吃的饭还多，给他们提点建议他还不听，以后跌了跟头可不要来找我！"那么到底家长要不要给孩子提建议呢？怎样提出建议能够帮助孩子减少摔跤、增加经验呢？这一章我们仔细聊一聊。

提建议者的角色定位

我们再来回味一下家长的抱怨："我们吃的盐比他们吃的饭还多，给他们提点建议他还不听，以后跌了跟头可不要来找我！"从这句话中，我感受到家长的不满来于孩子的"不听话"，家长背后的期待是：我提了建议你就要听，就要采纳和执行。当我们带着这样的期待提出建议时，其实就把自己放在了决策者的角色上。那么，这个建议大概就不应该叫作建议了，应该是命令。

回想一下你给朋友提建议的场景。如果有一天，你的朋友来问你："我想给孩子报个培训班，你说要不要报呢？"你可能会根据自己的经验和判断给朋友建议，报或者不报。但你会不会要求朋友一定按照你的想法执行呢？不管朋友最后给孩子报还是没报这个兴趣班，你都不会放在心上，因为你知道你只是建议者，而不是决策者。决策者就意味着要为这件事负责，而建议者则只是作为第三方旁观，给出一些视角和想法，无需承担责任。

回到亲子关系中，家长口口声声说的建议，其实是在让孩子做选择。你希望孩子按照自己的建议去做，如果不接受就很生气。这其实已经把自己放在了决策者的位置上，是在命令孩子按照家长的想法去做，只是换了一种提建议的形式和语气而已。

所以，给孩子提建议是需要的，但前提是家长先把握好角色定位。如果是真的想帮孩子拓宽解决问题的思路，但仍尊重他的决策者身份，就要把自己放在建议者角色上，只提建议，但不做期待，更不要求孩子必须按照自己的建议去做。当然，因为孩子年龄还小，有很多事情没有能力独立做出决策，家长也无需任何事都给建议，该命令时就命令，只是要清晰地知道，你在以什么身份参与其中。

在上面的案例中，丽丽的妈妈显然没有意识到自己角色的错位。这件事是丽丽和同桌发生的冲突，她有权利决定要不要原谅同桌。妈妈可以提出建议，但不能因为丽丽没有接受妈妈的建议，就被贴上"不包容"的标签。而小贺的爸爸呢？一开始想要把决策者角色赋予小贺，但因为没有提前考量价钱的因素，在小贺选择了昂贵的玩具后，又以提建议的方式强行把决策权收了回来。这种角色的混乱，让孩子产生困惑：我到底是否可以行使权利呢？

SEL 老师给您的建议

　　家长需要给孩子提建议，但前提是要先把握好角色定位。如果家长是建议者，就只提建议，但不做期待，更不要求孩子必须按照自己的想法去做。如果家长是决策者，也可以直接命令，不需要做出提建议的样子。

提建议的几个坑

给孩子提建议是一种很好的表达形式。但是正如前文所说，如果提建议只是改变形式而不改变内涵，就会造成很多问题。这里给大家分析几种家长在给孩子提出建议时，容易踩的坑。

1. 给孩子的建议，家长首先做不到

我们再仔细看看前面案例中的丽丽，她为什么会说"你是妈妈，我是小

孩，我做不到"呢？我想，丽丽其实是在质问妈妈："你都不能包容我，为什么要我包容别人？"当妈妈给丽丽提出"要包容别人"的建议时，她自己却没有包容丽丽的情绪和想法，这让丽丽感到委屈与不服，当然不愿意听取妈妈的建议了。但如果妈妈换个说法："同桌吓唬你，你不原谅他，这是你的权利。妈妈支持你！不过他已经道了歉，如果你能原谅他，这样可以表现出你的包容和大度"丽丽的感受可能就不同了。她首先感到妈妈是尊重自己的，从妈妈"包容"的示范中，丽丽又看到了另一种解决方案，而且妈妈并没有要求丽丽必须包容，也没有给她贴上"不包容"的标签，相信等情绪过去后，丽丽会考虑包容这个建议的。

因此，当家长给孩子建议时，自己首先需要做到，这样才能让孩子感受到"这是一个好的建议"。如果父母自己都不选择这个建议去做，孩子又为什么要听取家长的建议呢？

2. 不提出无效的"幻想式建议"

生活中大家会不会提出类似这样的建议："明天你去找老师承认错误，老师一定会原谅你的。""你把这道题认真地改了错，明天一定考 100 分。""你再好好找一找，一定能找到。"每句话都有"一定"这个词。接下来我想问：如果老师不原谅，明天没有考 100 分，找了半天都没有找到，那该怎么跟孩子解释？所以我把这类建议叫作幻想式建议，这种建议只是给孩子一个美好的期待，但不具有解决实际问题的意义。我主张提建议要合理和有效，而非只是传递美好的想象。一旦这种美好的想象、期待不能实现，对孩子更是打击。

3. 提建议过于着急，时机把握不对

需要父母提建议的时候，大多都是孩子有情绪的时候。孩子的情绪脑很发达，理智脑经常断联。孩子看似在说事情，其实是在表达情绪。如果家长没有看到这一层，着急给出建议，多半是会被拒绝的。不是因为家长提的建议有问题，而是时机没有掌握好。家长要先关照和处理孩子的情绪，让他们的情绪得以安抚，理智回归，才能让建议发挥作用。

在前面案例中，丽丽的妈妈和小贺的爸爸都是没有看到孩子的情绪，太着急给建议了。很多家长也有过同样的经历，无数次的踩过这个坑。其实这也和父母的情绪耐受力相关。看到孩子生气、伤心时，由于亲子血缘和情绪的投射，我们会和他们有同样不舒服的感受。如果我们无法耐受这些情绪，就着急的要想出办法教给孩子，让他感受好起来。这样，表面上是在帮孩子解决问题，实际上是父母难以承受情绪的煎熬，想要尽快结束这种难受的感觉。

如果父母意识到这一点，就不会那么快速地给孩子提建议了。我们可以耐心地等一等，等待孩子把情绪宣泄完毕，等待孩子真的向你发出需求，那时再给出你的建议，就容易被孩子接受了。我们的建议才能真正发挥其作用，达到合理有效的目标。

> **SEL 老师给您的建议**
>
> 家长在提出建议时容易踩的三个坑：（1）给孩子的建议，家长首先做不到；（2）提出无效的"幻想式建议"；（3）提建议过于着急，时机把握不对。

提出建议的四原则

那么到底如何提出合理化建议呢？除了注意上述的问题，我还给大家总结了提出建议的四个原则。当你要给孩子提出建议时，不妨先用四个原则来衡量一下。如果确实符合四个原则，则提出；如果不符合，则想一想或等一等再说。

这四个原则是：尊重的、有关联的、合情理的、有效果的。其中，"尊重的"最为重要，没有基本的尊重作为前提，建议基本是无效的。例如：有的妈妈看见孩子收拾书包不得法，想要提出建议，说："你咋这么笨，来，听我给你说……"这种建议即使符合其他三个原则，也会被孩子否定，他们宁可用自己的笨办法，也不愿意听取。"有关联的"特别值得关注，有时家长给出的建议是与事件不相关的。例如：孩子不想上兴趣班，妈妈给的建议是，"只要你这次考试得 100 分，妈妈就给你取消兴趣班。"这里不想上兴趣班与考试是没有直接联系的，而妈妈却把两者建立起因果关系，这容易让孩子不在这件事情上考虑解决方案，而是用其他条件进行交换。"合情理的"与"有效果的"这两条原则是为避免"幻想式建议"提出的，家长应该建立在已有的经验基础上给出建议，是现实的、有过成功经验的，这样更容易指导孩子开拓思路、获得成功。

提出建议的四个原则没有绝对的标准，之所以让家长先对照再提建议，其实也是想帮助家长避免情绪化的表达。不妨请各位家长试一试，当你特别想要给建议时，先忍住不要说，心里对照四个原则想一想，看看会发生什么？相信一定会有不一样的体验的。

SEL 老师给您的建议

表达建议遵循的四个原则是：（1）尊重的；（2）有关联的；（3）合情理的；（4）有效果的。四个原则没有绝对的标准，但先对照再提建议，可以避免家长情绪化的表达，增加提出建议的有效性。

孩子可以学到的 SEL 技能

　　家长能够经常性地提出合理化建议，可以帮助孩子拓宽看待问题的思路和视角，积累更多解决问题的方法和经验。同时，孩子对家长也充满信任和依赖，父母在他们心中树立正向的权威榜样，有助于建立家庭式的亲子同盟关系。

　　他们也会在与同伴的问题冲突中，成为善于提出建议的智者，得到同伴的认可和尊重。

SEL大技能：

　　1.拓宽看待问题的思路和视角，积累更多解决问题的方法和经验。

　　2.会在与同伴的问题冲突中，成为善于提出建议的智者，得到同伴的认可和尊重。

从"知道"到"做到"，你还需要多多练习哦！

请你记录一个给孩子提建议的案例，描述出提建议时的情绪、想法和具体语言，对照是否符合四个原则。

提建议案例记录：

_____

_____

_____

_____

_____

_____

_____

这件事给你带来的思考是什么？请你记录下来，这将是一次可复制的成功经验哦！

反思和成长：

_____

_____

_____

_____

_____

_____

_____

_____

敲黑板：

家长怎样提出合理化建议

1. 家长需要给孩子提建议，但前提是要先把握好角色定位。如果家长是建议者，就只提建议，但不做期待，更不要求孩子必须按照自己的想法去做。如果家长是决策者，也可以直接命令，不需要做出提建议的样子。

2. 家长在提出建议时容易踩的三个坑：（1）给孩子的建议，家长首先做不到；（2）提出无效的"幻想式建议"；（3）提建议过于着急，时机把握不对。

3. 表达建议遵循的四个原则是：（1）尊重的；（2）有关联的；（3）合情理的；（4）有效果的。

恭喜你！完成了"亲子沟通锦囊"的第五站学习，又向"智慧型父母"迈进了一步！

道歉　感谢　鼓励　批评

建议

Chapter 24

家长怎样拒绝孩子

今天是亮亮一家聚餐的日子，他们和爷爷奶奶姑姑叔叔齐聚饭店，欢聊畅饮。大人们聊天对 6 岁的亮亮来说最没意思了，他想向妈妈要手机玩游戏。妈妈正在跟姑姑说起一条裙子，听到亮亮要手机，便不耐烦地说："不行！""为什么不行？"亮亮反问妈妈。姑姑在一旁说："小孩子不能玩手机，小心眼睛近视了！""我妈妈说每天可以玩半个小时，今天还没玩呢！"奶奶接过话来说："咱们聊天孩子玩一会儿，没事儿的。"亮亮听见奶奶在给自己撑腰，这下来了精神，摇晃着妈妈的胳膊哼唧着："妈妈，给我嘛！"妈妈被亮亮闹得心烦，又担心爷爷奶奶不高兴，赶紧拿出手机给了亮亮："玩吧，只能玩半个小时啊！"然后继续聊天吃饭，时间过去了很久……

这是我在一次外出吃饭时遇到的场景，相信很多家庭都有过类似的经历。对于亮亮玩手机的要求，妈妈先拒绝后妥协，处理的是否得当？我们怎么看待家长拒绝孩子这件事？在亲子沟通时，家长应该怎样拒绝孩子？这些问题浮现在我的脑海中，引发了我很多思考。这一章，我想把对这一问题的思考与各位父母交流与讨论。

拒绝对成长有益

　　一般谈亲子沟通，很少有人谈拒绝。在大家的认知里，"通"才是"沟"的目的，而拒绝看似是在"堵"，不应该放在亲子沟通的范畴里。甚至还有家长在拒绝孩子后，感到后悔自责，担心这样会不会给孩子的心理带来伤害。至少我就曾经有过这种心理。有一次儿子有个特别想要买的东西，向我提前支取下个星期的零花钱，我拒绝了他。看着儿子失望的样子，我感到特别后悔，那时那刻我觉察到自己的内心，有一种想马上收回拒绝、把钱给了他的冲动。

　　为什么要专门讨论拒绝？因为我发现，在成人世界中，没有上好拒绝这一课的人大有人在。有很多成人在人际关系中特别难以启齿拒绝，仿佛一旦拒绝就给自己贴上了"无情无义"的标签，就是对他人的伤害。这种无形的压力让他们经常违背自己的意愿，不得已讨好他人，心里很累还无法说得清。被拒绝的人呢？也很难接受被拒绝的现实，一旦被拒绝就感到无地自容，或者愤怒、伤心、自我否定的情绪油然而起。"他怎么可以拒绝我呢？""难道是我做得不够好吗？""他是不是不喜欢我了？"这一连串对拒绝的负面认识，都直接把拒绝定义为不好的、不对的行为。但仔细想一想，谁能一生不拒绝或者不被拒绝呢？每个人都有自己的生活轨迹，不可能不与他人发生矛盾和冲突。可见拒绝是非常正常的人际关系技能，甚至需要说 No 的时候比说 Yes 的时候要多得多。但是，没有接受过正确拒绝训练的人就会在这一技能上出现问题，甚至造成人际关系紧张。

　　我认为，之所以很多人对拒绝有不正确的认识，不是拒绝本身造成的，真正造成问题的是"不尊重的拒绝"和"不拒绝"。父母在孩子成长过程中，没有进行正确的示范和训练，就会让孩子误会"拒绝"。案例中的妈妈当着一家人的面，不问青红皂白地拒绝孩子，就是不尊重的拒绝，这样的拒绝让孩子感到羞耻。为了掩盖羞耻之心，孩子怎能乖乖听话？他不会认真思考妈妈为什么要拒绝，而必定会使出力气争一争，挽回丢掉的面子。正是无数次这样不尊重的拒绝，让孩子误会了拒绝，一旦被拒绝，就容易产生严重的羞耻之心，排斥拒绝。

随着家人的参与，案例中的妈妈又答应了孩子的要求，这就又走向了另一个错误的极端——不拒绝。孩子发现，虽然被妈妈羞辱了，但只要继续哭闹，求得其他人的同情，就能达到目的。这就使得孩子自动把"被羞辱"和"达成目的"建立起了因果关系，因为被妈妈羞辱的拒绝，所以可以得到他人的同情，从而获得手机。那么下一次呢？他可能还会故伎重演。

有些家长尽力满足孩子的需求，从不拒绝孩子，不想让他们难过，尽可能创造一个完美的幸福的成长环境。这份心很好，但我认为这不是爱。从孩子成长的角度看，只有婴儿期（大约1岁以内）的孩子才需要家长完全满足需求，这样可以给孩子建立基本的安全感和信任感，是自信的基础。随着年龄增长，孩子的成长需要适当的挫折和不如意，家长的拒绝就是挫折的一种。他们发现想要的东西不能如愿以偿，就会主动发展理智脑的思考能力，想办法自我满足和自我安慰。例如：案例中的孩子，如果妈妈坚定地拒绝他玩手机的要求，他在这里得不到，就会想出其他打发时间的游戏和方法，从而发展出创造力和解决问题的能力。

"想要而得不到"是孩子长大的重要体验。他们本来自恋地认为世界如自己所愿，想要什么就有什么。但由于家长客观的不能满足抑或主观的拒绝，让他们开始认识到：原来我不是世界的中心，只是无数人中的一员；我虽然可以有自己的想法，但不可能样样满足，必须要和他人及世界合作，才可以继续生存下去。这时，孩子才能从自恋的心理世界逐渐走进不完美的现实世界，学会遵守现实世界的规则。

除此以外，拒绝还有助于帮助孩子形成健康的人际边界感。情绪是判断人际边界非常好的工具之一。一般情况下，孩子的行为侵犯到父母的边界是会引发父母的愤怒的，愤怒的情绪会让家长说"不"。比如：我最讨厌被揪头发，当儿子跟我玩时，即使是不小心揪住了我的头发，我也会莫名其妙发怒得大吼一声："不许动我的头发！"到底是为什么，我也没有搞清楚，但儿子却把我在这一点上的边界摸清了。他会比较小心的和我的头发相处，一旦不小心揪到，也会第一时间向我道歉。

类似这样的雷区每个人都有，家长要搞清楚自己的怒点，用说"不"的方式让孩子学会如何与你相处。久而久之，孩子慢慢可以摸清不同人的不同边界，选择用不同的方式与之相处，这就形成了灵活的人际交往能力。如果家长从不拒绝孩子，孩子很难学会这一技能，到了学校、社会中自然没有能力识别同学、老师和其他人的边界，人际关系就会出现问题。

> **SEL 老师给您的建议**
>
> 拒绝是重要的亲子沟通技能，它有助于发展孩子的能力，形成社会规则，建立人际边界感。"不尊重的拒绝"和"不拒绝"会让孩子对拒绝产生错误的认识和行为。

拒绝需要清醒

家长可以利用愤怒的情绪拒绝孩子的行为，这有助于帮孩子学会与父母相处。但前提是，家长要清醒地知道自己的愤怒是在表达什么边界，而且这个边界是相对稳定的。就像我讨厌被揪头发的事，我会在表达愤怒的同时，清晰地告诉儿子："妈妈的其他地方没关系，但头发是不可以随便动的。"但据我所知，在日常生活中，很多家长的情绪是极不稳定的，家长不知道什么时候发火，也说不清为什么发火，同一件事不同的状态也会表现出不同的情绪，今天是 Yes，明天就是 No。孩子在情绪化的家长身上找不到稳定的界线，平添很多烦恼。这也是家长要学习社会与情绪技能的原因，对自己的情绪、想法和行为有了清醒的认识，才能准确表达给孩子，这样即使发脾气，也是对孩子有益的。

除了用情绪作为工具表达拒绝，拒绝最重要的标准应该是规则，我称为第三方规则。这个规则代表的不是某个家长的权力，也不是发泄情绪，而是基于每个家庭成员的利益和现实的状况约定的基本规范。这就是前面说到的，孩子走出自恋的想象世界要学会的现实世界的规则。如果是基于规则，那么家长的拒绝就要更加客观、平等和稳定。案例中，如果规则是饭桌上不玩手机，那么妈妈就要果断地拒绝，不能因为他人的建议而随意改动。但如果家庭的规则是每天玩半个小时手机，孩子今天还没有玩，提出这个要求就是合理的，就不应该被拒绝。

规则要遵循几个原则。

1. 规则是灵活变化的，如果确实不符合现实的要求，需要调整和改进，最重要的是审视当下的状况。

2. 制定规则时，要充分考虑家庭成员的需要，特别是孩子的需要。我看到很多家庭给孩子玩手机的时间只有十几分钟，这很明显是不能满足孩子的需求的，这种规则就很难执行。

3. 要求孩子遵守的规则，家长也必须做到，否则家长对孩子的拒绝就变成了展示权力的武器。

要提醒大家的是，我鼓励和倡导家长拒绝孩子，同时，家长也要允许孩子拒绝你。孩子也有自己的情绪，也在建立和表达自己的心理边界。很多家长受不了孩子的直白拒绝，他们认为这是孩子没有礼貌的表现。其实，这正是新一代孩子心理饱满和健康的表现，他们有勇气坚持自己的想法，不刻意讨好家长，但家长却没有能力做到、接受不了被拒绝的羞耻感。

因此，家长也要不断学习，觉察自己被拒绝后的情绪和原因，努力处理自己的羞耻情绪，不要把矛头指向孩子。当然，孩子也需要多多学习社会与情绪技能，学习如何表达自己但不伤害他人的拒绝方式。

> **SEL 老师给您的建议**
>
> 拒绝需要家长清醒的认识和表达自己的情绪与边界，也要客观、平等和稳定的遵守第三方规则。同时，家长也要允许孩子拒绝自己；被拒绝后产生的羞耻情绪，要学着去处理，不要把矛头指向孩子。

温和而坚持地说"不"

"温和而坚持"是英国心理学家温尼科特提出的，旨在指导家长如何用拒绝给孩子经历挫折的机会。这里的"温和"指向的是尊重孩子，指责、谩骂、以强凌弱式的拒绝都是不恰当的。"坚持"指向的是尊重家长自己的边界和第三方规则。同时做到这两点，才是对孩子成长最有帮助的拒绝。还以案例中的妈妈为例，如果规则是饭桌上不允许看手机，妈妈可以面带笑容地对孩子说："No，现在不是玩手机时间！"孩子也许还会继续要求，妈妈只需坚持重复这一句话，并在笑容中增加坚定的神情。各位家长可以尝试练习一下，看看是什么感觉？你应该会感受到内心的平静和坚定。

"温和而坚持"说起来容易、做起来很难，而且还会面对孩子的抵抗情绪，这时更加需要家长的清醒。你要知道我们对孩子的行为说 No，但不等于剥夺他有情绪的权利。家长要处理孩子的情绪，但不能妥协要求。案例中的妈妈抵抗不住孩子的情绪，在要求上进行了妥协。很显然，这个拒绝是无效的，而且还有副作用——孩子误把哭闹、被拒绝当作了达成目标的好方法，换句话说，孩子被拒绝之后得到了利益，下次还会继续重复这个行为模式。妈妈可以在孩子哭闹的时候，抱住他说："亮亮不能玩手机，很伤心也很生气，妈妈知道了。来妈妈抱一抱，你想哭就哭一会儿，等哭好了咱们好好吃饭，吃好多好吃的。"

　　温和而坚持地说"不"的同时，家长还要跟孩子探索另外的解决方案，千万不要把孩子的路全都堵死。饭桌上，孩子是感到无聊才想着要玩手机的，如果妈妈只说"不"，却不帮助孩子找到克服无聊的其他方法，只顾自己聊天高兴，这其实就是在欺负孩子。结果很可能是孩子要么仍然纠缠玩手机，要么对妈妈产生更大的抗拒。所以，建议妈妈要跟孩子一起寻找好玩的事情，给他讲故事，抱着他一起参与聊天，或者提前给他带些喜欢的玩具等。

SEL 老师给您的建议

　　拒绝要尽量做到温和而坚持，说"不"的同时还要跟孩子探索另外的解决方案，千万不要把孩子的路全部堵死。

孩子可以学到的 SEL 技能

　　孩子在被拒绝的练习中，学会动脑筋想办法，也会向现实妥协，与他人合作，他的人际交往和社会能力也会稳步提升。

　　被正确拒绝的孩子，不会没有勇气拒绝他人。他们与人相处更加真实，遵从自己的内心，表达自己的边界，不卑不亢，这让与之相处的朋友也感到舒服和安全。

　　被正确拒绝的孩子规则感很强，他们习惯从他人的反馈中习得社会规则，行为适当、灵活，也不容易被规则所控制。

　　SEL大技能：

　　1. 学会动脑筋想办法，也会向现实妥协，与他人合作。

　　2. 与人相处更加真实，遵从自己的内心，表达自己的边界，不卑不亢，这让与之相处的朋友也感到舒服和安全。

　　3. 规则感很强，习惯从他人的反馈中习得社会规则，行为适当、灵活，也不容易被规则所控制。

从"知道"到"做到"，你还需要多多练习哦！

请你记录一个拒绝孩子的小案例，具体描述出当时的场景和内心的情绪、想法，比较一下，和以前的拒绝有没有不同的感受？

拒绝案例记录：

_____

_____

_____

_____

_____

_____

这件事给你带来的思考是什么？请你记录下来，这将是一次可复制的成功经验哦！

反思和成长：

_____

_____

_____

_____

_____

_____

_____

敲黑板：

家长怎样拒绝孩子

1. 拒绝是重要的亲子沟通技能，它有助于发展孩子的能力，形成社会规则，建立人际边界感。"不尊重的拒绝"和"不拒绝"会让孩子对拒绝产生错误的认识和行为。

2. 拒绝需要家长清醒的认识和表达自己的情绪与边界，也要客观、平等和稳定的遵守第三方规则。同时，家长也要允许孩子拒绝自己；被拒绝后产生的羞耻情绪，要学着去处理，不要把矛头指向孩子。

3. 拒绝要尽量做到温和而坚持，说"不"的同时还要跟孩子探索另外的解决方案，千万不要把孩子的路全部堵死。

恭喜你！完成了"亲子沟通锦囊"的第六站学习，又向"智慧型父母"迈进了一步！

道歉　　感谢　　鼓励　　批评

建议　　拒绝

Chapter 25

家长怎样和孩子做反思

马上就要期末考试了，五年级的年年正在房间写作业。作业太多了，年年写完了语文作业，看见数学还有两张卷子，顿时感觉很发憷。他突然想起游戏里今天还没签到打卡，赶紧拿出 iPad，想趁爸爸妈妈没看见签一个到。可谁知，他刚刚打开 iPad 里的游戏，爸爸推门进来，一眼看见，瞬间暴怒着大喊："原来你不好好学习，在玩游戏！我就知道，不能让你一个人在房间！怪不得最近学习成绩下降，老师说你的作业问题很多……"突如其来的训斥把年年吓了一跳，他赶紧放下 iPad，摆出一副要战斗的样子，跟爸爸大吵："凭什么说我在玩游戏？我刚刚才拿出来！这是我的人权，你不能随便进我的房间！"爸爸也不示弱，就像找到证据一样，继续说："被我看见了还嘴硬？我应该给你拍下照片，铁证如山，看你还嘴硬！"说着重重地给了年年后背一巴掌。妈妈赶紧把爸爸拉开，回到卧室，跟他说了一套打骂教育不了孩子的话。事情暂时过去了。

我用"事情暂时过去了"作为这段亲子沟通场景的结尾，意在请家长思索，事情真的过去了吗？作为家长，真的会让一件一件这样的事情随时间溜走、置之不理吗？新一代的父母越来越认识到，当下和孩子发生了问题和冲突，事后需要认真做个交流，才能引以为戒，这就叫作反思。

那么，反思应该如何来做呢？就以这个事情为例，描述三种常见的反思过程，为我们提供接下来的讨论素材。

第一种反思：

第二天，孩子放学回家，爸爸把年年叫到客厅。

爸爸：年年，昨天晚上的事情你知道错了吗？

年年：……

爸爸：写作业的时间是不可以拿iPad玩的，我早就跟你说过了。等写完作业再玩，多好啊！而且马上就要考试了，同学们都在加紧复习，可你在玩游戏，这怎么能行啊！

年年：（眼睛左看看右看看，一副不想听的样子）……

爸爸：你认真听我说，不要到处看。你好好反思反思，昨天哪里做得不对？

年年：我不该写作业的时候玩游戏……

爸爸：还有没有？爸爸说你，你还顶嘴！

妈妈：（下班刚进家门，赶紧补充说）你确实不应该和爸爸顶嘴，爸爸说你也是对的。赶紧跟爸爸道歉，道个歉就没事儿了！

年年：（一脸的不愿意，很小声地说）对不起。

爸爸：声音太小了，大点声！

年年：对不起，我错了！

爸爸：这还差不多，以后不能再这样了！写作业去吧！今天不能玩游戏了，把iPad上交，我一会儿还要检查！

第二种反思：

第二天，孩子放学回家，爸爸把年年叫到客厅。

爸爸：年年，爸爸向你道歉，昨天我不该随便骂你，更不应该动手打你。

年年：……

爸爸：我知道你已经开始到青春期了，家长不能再用打骂的方式跟你沟通。昨天晚上我想了很久，觉得还是我的问题，都是我不对，都是爸爸没有做个好爸爸。

年年：爸爸，也不是你不对，是我写作业的时候玩游戏了。

爸爸：不管怎么样，爸爸看见以后应该好好说话，总是打骂你会让你心里受伤害。昨天听到新闻里又有个孩子跳楼自杀了，爸爸一想起来，就觉得自己做得特别不好……

年年：爸爸，你别说了，我以后一定好好学习，再也不玩游戏了！

第三种反思：

第二天，孩子下学回家，爸爸把年年叫到客厅。

爸爸：年年，昨天晚上咱们两个发生了不愉快的事情，今天是不是好些了？咱们可以花点时间聊一聊吗？

年年：好。

爸爸：我先描述一下昨晚我的心理历程吧！我本来想去房间看看你，作业是不是快要写完了。可一眼就看见你在点 iPad 上的游戏，当时我的脑子里一片空白，怒火就像被什么点燃一样，瞬间冲上了大脑，嘴巴一点也不听使唤，张嘴就想骂人。后来你跟我顶嘴，这让我的情绪更加不能控制，胳膊也不受控制地举起来。后来我回想，那个时候我应该是被一个想法控制了：你一定在偷玩游戏，不学习。你呢？当你听到爸爸骂你的时候，你是什么感受和想法？

年年：我就是感觉被冤枉了。我明明已经写了很久作业了，是看见数学作业太多，有点心烦。刚刚拿出 iPad，就被你发现了，还被你说我在骗人，而且你还说我的成绩下降就是玩游戏玩的。我感觉太不公平了！

爸爸：后来爸爸想想也觉得，我没有问问你的情况，就随便张口骂人，确实做得有点极端。你呢？你对这件事后来有思考吗？

年年：我也觉得没跟你好好解释。

爸爸：那咱们讨论一下，以后这样的事咱们爷俩怎么处理吧！我希望你要玩就尽量写完作业专心玩，如果我说得不对，能跟我好好解释。你希望我怎么做？

年年：我希望……

三种常见反思我都列举了出来，到底怎样的反思才是最有效的？家长与孩子做反思需要注意什么？接下来我们详细聊一聊。

反思比成败更重要

反思也叫作复盘，就是把事情进行回顾和总结，从中发现问题和蛛丝马迹，并据此确认在未来的操作方法。从这个定义中不难看出，反思（复盘）有两个方面的目标：一是回顾和总结，指向过去，汲取经验；二是确认下一步行动方向，指向未来，更进一步。

情商之父丹尼尔·戈尔曼先生在《情商》一书中强调，人的大脑神经回路是可以后天重塑的。即使早期发展不够理想，也有机会重新塑造神经回路，过好幸福人生。我时常想，到底什么方式可以帮助人们完成这一成长过程呢？我认为反思是最好的方式。

我们知道，情绪脑经常无意识的主宰身体和行为，做出失控举动。等情绪过后，才发现自己是多么的愚蠢。只有不断把无意识的情绪、想法和行为意识化，被理智脑识别与指挥，才能做出理性举动、减少破坏性行为。但可惜的是，没有一个人天生就拥有强大的理智脑，理智脑的控制能力是在成长过程中不断训练出来的。靠什么训练呢？就是每一次无意识行为之后的反思。好的反思就像回看录像一样，把那些瞬间即过的场景放慢速度，一点一滴的重新梳理和完善，这样才能找到成功的可取之处，或者失败的问题之处。等到下一次再遇到这类事件，理智脑就有了记录，参考记录再做行动，成功率也会增强。

可见，有效反思不是宣告本次行动的结束，而是下一次更好的开始。这次行动为下次提供了前车之鉴和进步的阶梯。因此，重视反思是一种成长型思维的表现。我们相信，眼前的每一步行动都可以再向前一步，这是个无限游戏，可以一直玩下去，反思可以让事情不停地向更好的方面发展。

　　而关注成败呢？显然会让思维陷入僵化。僵化思维的人会把每件事的结果看得十分重要，每次成功或者失败就给自己贴上一个标签，从此封存。他们把每件事看作相对独立的有限游戏，玩过一关算一关，一旦失败太多，还会卡在某一关过不去。

SEL 老师给您的建议

　　反思可以将无意识的情绪、想法和行为意识化，进而提高下一步的成功率。反思是成长型思维的表现，重视反思比关注成败更重要。

有效反思

　　反思固然重要，但无效反思也会适得其反。接下来想说说什么是有效反思。前面案例中的三种反思，你认为最有效的是哪一种？是的，第三种最为有效。我认为，反思不是追责，不是评价，也不是教育，应该是回顾、梳理、添加和练习。

　　第一种反思，爸爸把反思当作了评价和教育。他在反思中给孩子的行为定了性——写作业的时间玩游戏，是一个严重的错误。于是，他要求孩子道歉，并进行了一番说教。从年年的反应不难看出，他是不接受爸爸的评价和教育的。他感到这次反思就是再次批斗，只想着怎么逃跑，并未真正反思昨天的行为。

　　第二种反思，爸爸把它当成了追责，而且是追自己的责。整个反思过程充满了内疚、自责和后悔的情绪，这样会让孩子感到压力。明明昨晚是双方共同的问题，而此时爸爸却要独自承担，这让年年感到很无力，也会充满自责和内疚。他心里的逻辑可能是：都是因为我的错，让爸爸这样的

255

自责，我是个不值得被爱的坏孩子。因此，年年看似主动认错，发誓再也不玩游戏了，这也并非基于对现实问题本身的思考，而是内疚情绪驱使的被迫行为。

只有第三种反思是符合我的观点的，反思是回顾、梳理、添加和练习。爸爸和年年一起回顾和梳理了昨天事件的全部过程，包括情绪体验、想法和行为表现，特别是爸爸，还描述了很多细节。这里面没有评价，就像放电影一样把爸爸的心路历程展现给年年，年年也感受到爸爸的真诚，同样愿意分享。这个过程是促进双方相互理解的重要环节，也是发现问题和蛛丝马迹的关键步骤。

添加是什么？就是在这次事件的基础上拓展新思路、探索新方法。爸爸最后说："那咱们讨论一下，以后这样的事咱们爷俩怎么处理吧！我希望你要玩就尽量写完作业专心玩，如果我说得不对，你能跟我好好解释。你希望我怎么做？"这就是在添加思考的维度，就事论事，相互启发，为下一次遇到类似的事件探索更好的方法。练习是反思的最后一步，也往往是反思中必不可少的环节。对于总结出的成功经验或者找到的新方法，家长可以和孩子预演一次，这种预演可以加深印象、发现不足，给下一次使用做好心理准备工作。

也许，有的家长还有疑问：我家的孩子只反思不改变，这是为什么？我认为，一切寄希望于改变的反思都是无效的。这是带有功利心的反思，不是与孩子一起面对问题的态度。反思不为改变，只为多一份觉察，不断将无意识意识化，从而增强理智脑对生活的掌控感。俗话说："演戏的淡定，看戏的慌张"，正是这个道理。演戏的已经排练了无数次，即使有失误和偏差，也在预料之中；而看戏的不清楚剧情，一旦超出预期，就会按捺不住情绪。

生活就是一出戏，每个人都是演戏的，反思正是一次次排练。我们没有办法保证下次一定可以演得更好，但却可以一次次增加理智脑的"表演"经验。反思的次数多了，成功的概率自然提升，改变也就自然而然地发生了。

SEL 老师给您的建议

　　有效反思不是追责，不是评价，也不是教育，应该是回顾、梳理、添加和练习。回顾和梳理是用描述的语言回看事件全过程，包括情绪体验、想法和行为表现；添加是拓展新思路，探索新方法；练习则是对成功经验或新方法的预演。

反思的最佳时机

　　什么时候反思最好呢？我觉得晚上睡前 40 分钟是最佳时期。这个时间孩子和家长都结束了一天的"混战"，终于躺在床上享受美好的亲子时光。此时，孩子的情绪世界最为干净、平和，一切喜怒哀乐都似乎烟消云散，还有父母幸福的陪伴，他们在主观上最不容易排斥反思。而且，据脑科学证明，脑神经回路在睡眠中也是继续工作的，睡前反思的问题在孩子睡着后依旧可以加深印象。因此，可以选择这个时间与孩子做反思。

　　虽然睡前是最好的反思时间，但我并不主张家长过于频繁的反思。有的家长把晚上睡前当成了固定的反思时间，一天中的大事、小事都要拿到这个时间来说，这样做反而增加了孩子的反感。毕竟，再有效的反思也比不上爸爸妈妈陪伴读书、聊天的幸福啊！

　　家长也要知道，很多事情是会发展变化的，有些结果只是暂时的，而且孩子自身也有思考和调整行为的能力。如果家长事事都急着跟孩子反思，这里面不免透着焦虑、担心和对孩子自己处理问题能力的不相信。因此，过早的反思反而是一种打断，这种反思必定无效。

　　在反思前，家长要先成为一个耐心的观察者和思考者。对于很有价值的事件和问题，需要带领孩子认真做一次反思。这就好比学习数学，老师只需要讲解一道典型例题，把方法教给孩子，孩子学到方法后再应用在其他题目中，自己练习。反思也是这个道理，家长带领孩子反思的目的是教给他们自我反思的方法，养成事事反思的习惯，但不需要大事小事都手把手带领孩子去做反思，你只需要在出现新问题或者他们求助时，给予点拨即可。

> **SEL 老师给您的建议**
>
> 反思最佳的时间是睡前 40 分钟。但不主张反思过于频繁。家长要先成为一个耐心的观察者和思考者，带领孩子在关键问题上学习反思方法，养成反思习惯。

反思的内容和方式

最后，我们再来说说反思的具体内容和方式吧！

首先，反思一定是双向的，参与其中的每个人都有必要从自己的角度进行反思。也就是说，每个人都要参与，而且要说自己。已经养成反思习惯的家庭还可以互为镜子，相互表达对他人的看法。但刚开始进行反思的家庭，还是以自我反思为主。这样避免孩子感到被批判，不愿意参与反思，也不能做到真诚交流。

反思的时候家长的提问特别重要，问题提得好，孩子容易被代入进来。不会提问题的家长，往往把反思变成批判。

家长在反思时可以根据以下几个问题表达：

我的情绪是怎样的？

我想表达的想法和观点是什么？

我都做出了什么样的行为和努力？

还可以给孩子提问：

你做了什么？说了什么？

当你听到我这样表达时，感受是怎样的？

你的想法是什么？

这些问题都有助于帮助双方回顾和梳理。这里特别想要强调的是，有些家长会忽略自己在事件中做出的努力，觉得不需要向孩子炫耀自己的功劳，这其实也是对孩子的不真诚。如果这是一次成功的事件，家长描述自己的努力过程，是要让孩子知道，任何成功都并不容易。如果是一次失败的事件，也需要让孩子体会到事件的复杂性和结果的不确定性。这都是孩子需要在反思中看见和学习的。

回顾和梳理过后，接下来还可以继续提问：

我们这次出现的问题是什么？成功的关键在哪里？

下一步可以怎么解决？

从中我们可以吸取什么经验？受到什么启发？

学习到什么新能力和新方法？

这些都是为添加新思路设计的问题，都是反思中必备的好问题。当然，除了口头交流的反思形式，书面反思也很有意义。对于大年龄段的孩子，家长可以和孩子一起写觉察日记，把这些问题用文字的方式记录下来，相互交流。

SEL 老师给您的建议

反思一定是双向的，参与其中的每个人都有必要从自己的角度进行反思。反思中需要通过具体的问题引领。除了口头反思，书面反思也是很好的觉察工具。

孩子可以学到的 SEL 技能

经常反思的孩子，具有事事反思的习惯。他们不追求每件事的成败，而更在乎经历带给自己的思考。遇事多动脑、少闹情绪，心智成熟得更快。

这些孩子的感受力强，逻辑思维也很发达，内外一致，思路清晰，成功的几率更高，更容易体验成长的快乐与幸福。

善于反思的孩子思维更加多元，关注问题的解决方法，愿意与父母协商合作。未来也会把多元化的思维方式带到人际关系中，形成领导力。

SEL大技能：

1. 遇事多动脑、少闹情绪，心智成熟得更快。

2. 感受力强，逻辑思维也很发达，内外一致，思路清晰。

3. 思维更加多元，关注问题的解决方法，愿意与父母协商合作。

GET

从"知道"到"做到"，你还需要多多练习哦！

请你记录一个和孩子反思的小案例，具体描述提出了什么问题，双方是怎样回答的，你们又提出了什么解决方案等。

反思案例记录：

_____

_____

_____

_____

_____

_____

_____

_____

这件事给你带来的思考是什么？请你记录下来，这将是一次可复制的成功经验哦！

反思和成长：

_____

_____

_____

_____

_____

_____

_____

_____

敲黑板：

家长怎样和孩子做反思

1. 反思可以将无意识的情绪、想法和行为意识化，进而提高下一步的成功率。反思是成长型思维的表现，重视反思比关注成败更重要。

2. 有效反思不是追责，不是评价，也不是教育，应该是回顾、梳理、添加和练习。回顾和梳理是用描述的语言回看事件全过程，包括情绪体验、想法和行为表现；添加是拓展新思路，探索新方法；练习则是对成功经验或新方法的预演。

3. 反思最佳的时间是睡前 40 分钟。但不主张反思过于频繁。家长要先成为一个耐心的观察者和思考者，带领孩子在关键问题上学习反思方法，养成反思习惯。

4. 反思一定是双向的，参与其中的每个人都有必要从自己的角度进行反思。反思中需要通过具体的问题引领。除了口头反思，书面反思也是很好的觉察工具。

恭喜你！完成了"亲子沟通锦囊"的第七站学习，你已经成为了不起的"智慧型父母"！

道歉　感谢　鼓励　批评

建议　拒绝　反思

爱是亲子沟通的唯一出发点

说到亲子沟通，很多家长认为只要学习一些育儿技巧，然后照搬书中的方法去做就可以了，如此一来，这些育儿技巧有的时候很管用，但大多时候都不管用。于是，家长朋友纷纷来问我："杨老师，你教我的方法为什么不管用？"我通常会反问他："当你使用这些方法时，你是否觉察到了自己的发心？"是的，方法只是外化的工具，真正与孩子建立沟通纽带的则是一颗真心。

家长有时真要扪心自问，我们在给孩子提出这样那样的要求时，到底为了帮他形成能力，还是只想让他按照自己的想法去做？当我们忍不住批评孩子的时候，到底是在帮助他修正问题，还是只为宣泄自己一时的情绪？当我们替孩子做出决定的时候，到底是孩子真正需要我们的帮助，还是只满足了家长的成就感？如果都是前者，那么这些方法都是好的方法，都是爱；如果是后者，则不是好的方法。

M. 斯科特·派克在他的著作《少有人走的路》中为"爱"下了定义：爱，是为了促进自己和他人心智成熟，而不断拓展自我界线，实现自我完善的一种意愿。我想说，这是最打动我的爱的定义。父母与孩子是一对爱的主体，如果说爱的任务不只是表达亲密，更是要相互促进心智成长，完成分离。那么，这样的爱可以包含更多的内容：赞美、批评、争论……甚至不说话，这可能都是爱的表达方式。只是我们要在做出每个动作之时，回到自己的内心世界，问问自己："我这样做，可以让孩子获得成长吗？可以让自己心智更加成熟、心灵更加开阔吗？"

电视剧常有这样的桥段：有的人执迷不悟，朋友好言相劝，但却无果。于是，情急之中，大声训斥，直戳心灵。虽然二人一时争吵，但过后却感恩朋友骂醒了自己，这样的"骂"就是一种有效的沟通，是带着爱的交流。相反的例子也很多。有的父母看到孩子做出不恰当的行为，明明心里已经很生气了，但却貌似温和地说："没关系，我们不生气。"抑或视而不见，营造出虚假的和谐氛围。这不仅不能帮助孩子学习规则，获得成长，反而让孩子对自己产生怀疑，不断试探家长的底线，造成更多的问题。我想，这样的亲子关系看似和谐，却充满危机。这不是对孩子的爱，而只是家长想要维护"好家长"的形象。

因此，我想说，真正爱孩子，并不容易。它充满着迷惑性和欺骗性，甚至有时家长被自己的行为感动，但孩子却感受不到他们的爱。真正的爱需要理智与情感的完美结合，要把握爱的分寸，注意爱的方式，加强爱的沟通，学习爱的能力。只有这样，才能让孩子真的感受到家长发自内心的关怀与被爱的幸福。哪怕被训斥、哪怕有冲突，都不会影响这份爱的传递。因为被爱，孩子与父母的心在一起，他们更愿意接受建议、表达自己，沟通也变得更为顺畅，爱的情感也随之流动。

认真阅读本书的家长朋友，说到这里，不知你们是否感受到我对你们的爱。我在写这本书时，脑海里出现了无数家庭的真实案例。每个话题，我都在反复问自己，从哪些角度说能让父母从内心理解孩子？哪些方法真的可以帮助他们解决亲子问题？哪些用词可以令他们感到安慰？哪些认知可以拓展育儿思路，令他们的心智走向成熟？如果你感受到了，能从书中获得心智成长，说明我的爱传递给了你。

当我完成整本书时，我自己确实经历了一个成长的过程。我更加深刻地理解了亲子沟通，每篇内容都令我深深地反思，给大家介绍的方法也促进了我的亲子关系，我感到自己走在社会与情绪教育的道路上，更加成熟和笃定了。

爱孩子不容易，爱自己也很难。家长不会爱孩子，孩子也不能学会爱。没有爱的出发点，一切沟通都显得那么苍白。怎么办？很多教育专家批评家长不爱孩子，但我特别理解，不是不爱，是没有人教过我们怎么爱。在我们还是孩子的时候，物质生活匮乏，父母没有爱的时间、精力和能力，我们没有机会从原生家庭中模仿习得。但社会与情绪学习理论告诉我们，爱的能力是可以通过后天学习获得的。

我一直坚信，通过正确的引导和反复的练习，每个家长都有可能成为"好父母"。我们就从亲子沟通这件事入手，一点一点拆解开来，"学"理论和方法，再到生活中去"习"。不久的将来，我们都是拥有社会与情绪技能的智慧父母，我们也必将培养出最懂得爱、会生活、幸福、健康、有才能、会贡献的新一代！

最后，我想谢谢读完这本书的你们，我也同样感受到了你们的爱！